文化周末

东莞市莞城文化服务中心
莞城文化周末工程办公室 编

老街美学

图书在版编目（CIP）数据

老街美学/东莞市莞城文化服务中心，莞城文化周末工程办公室编. —合肥：安徽文艺出版社，2023.1
（文化周末）
ISBN 978-7-5396-7647-0

Ⅰ．①老… Ⅱ．①东… ②莞… Ⅲ．①地方文化－东莞－文集 Ⅳ．①G127.653-53

中国版本图书馆 CIP 数据核字（2022）第 239789 号

出 版 人：姚　巍
责任编辑：成　怡　宋晓津　　　　装帧设计：徐　睿
....
出版发行：安徽文艺出版社　www.awpub.com
地　　址：合肥市翡翠路 1118 号　　邮政编码：230071
营 销 部：(0551)63533889
印　　制：安徽新华印刷股份有限公司　　(0551)65859551
....
开本：787×1092　1/16　印张：4.75　字数：180 千字
版次：2023 年 1 月第 1 版
印次：2023 年 1 月第 1 次印刷
定价：35.00 元
....

文化周末 CULTURE WEEKEND

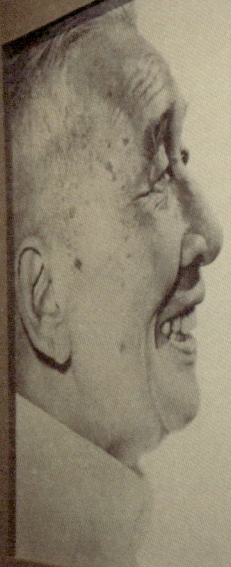

守望城市，润泽人文

（总序）

在中国的城市序列中，东莞既古老又新锐。2006年，在东莞"建设文化新城"的语境下，一套秉承人文理念、梳理地域人文价值的公益图书——"文化周末"系列应运而生。

自诞生之日起，"文化周末"就致力于聚焦东莞当下的文化生活，记录、见证、参与一座城市的纤毫变化，以温暖的人文情怀与时代同频共振。这一系列图书与一座城市一路同行，至今已有十七年光阴。在珍贵的时光洗礼中，一个城市发生了日新月异的变化，这些变化，构成了"文化周末"系列图书历久弥新的积淀，生动浩繁的文章目录，可谓这座城市文脉传承的精彩缩影。

"文化周末"以雅致文化为定位导向，但在文本的撰写与呈现上，却也尽可能地扩展视野，将潮流生活放置在文化的维度进行观察，因此，它反映了东莞的"千面"图景。这图景斑斓多彩且细节饱满：既溯源地方民俗的缘起，也解读江河湖海、山丘森林的地理概貌对市民性格的影响；既解读人文现象的密码，也宣扬艺术的魅力……所有的努力，都指向一个宗旨：希望通过字里行间的力量，传递高雅文化，从而潜移默化地影响大众的审美趣味。

"文化周末"紧扣时代脉搏，始终站在生活的前沿阵地。它提供新鲜资讯，它串联起东莞的文化大事记，城市发展史上的重大节点事件，无不在这一系列图书中留下鲜明的印记。"文化周末"探源历史底蕴，它以现代性思维重新解读东莞2500多年历史中流光溢彩的篇章，许多文史专家都曾在此率先发表他们的文史发现，为城市的文明变迁书写丰富的脚注。

"文化周末"客观评述文化现象，诚挚传播真知灼见。"文化周末"系列图书曾与诸多名家有过深度交谈，如莫言、余华、苏童等人，他们声音的交汇与碰撞，丰富了这一系列图书的内涵。"文化周末"构建文艺工作者互动交流的"雅集"，它数年如一日地对本土艺术家的最新创作动向进行跟踪关注，摄影作品与书画作品可以在纸面上直接呈现，对于音乐、影像等艺术门类，"文化周末"系列图书则通过评论或深度访谈的方式进行解读，让一批在西城楼下、可园之畔醉心于文艺创作的人，重新找到了交流之平台、心灵之归宿。

"文化周末"风格厚重却不失飘逸，深沉中突显先锐，它关注动漫、民宿、咖啡、露营、网络歌曲、小众观影、短视频、青年创意力量等话题，从不缺乏新锐创意与趣味感。在某种意义上，它甚至用敏锐的文化嗅觉，率先发现、归纳及定义了这座城市中一些崭新的生活方式。

十七个春秋一纸风行，一页页鲜活的记忆、字里行间的文化景观，使"文化周末"不仅覆盖东莞本土文化需求，同时还辐射广州、深圳、香港等相邻城市，成为东莞与外界文化交流的媒介。东莞是一座移民城市，人口流动性比较强，"文化周末"系列图书为许多初来乍到者提供了一个全方位了解城市的索引。在某种程度上，它是城市生活的风景窗口，它的格调折射了这个城市海纳百川的精神。

十七年来，大众的阅读与获取信息的习惯，已经从纸质转向了电子屏幕，这是一个资讯爆炸的时代，也是一个鱼龙混杂的时代。纸质阅读，越发变得奢侈与难得，为此，"文化周末"系列图书在选题策划、行文风格、图文设计等多个维度自我革新，从而使"文化周末"与时俱进，始终是这座城市最具可读性与传阅价值的公益图书。

在电子信息化时代下，它的外延与内涵，都呈现出新的特质，除了纸质传播之外，我们也经常聚合东莞的文化爱好者，组织丰富多彩的线下活动，"群贤毕至，少长咸集……虽无管弦之盛，一觞一咏，亦足以畅叙幽情"的景象，正穿越历史，突破地域，在莞城这片文化底蕴深厚的土地上演绎出新的精彩华章。

所有过往，皆为序曲。在一个瞬息万变的时代，"文化周末"的初心一直坚如磐石：它是城市文化的守望者，它将继续提供深刻而优雅的阅读方式，并由此润泽一方人文。

穆肃

目录
CONTENTS

摄影｜冼金凤

摄影 | 赖莉莎

摄影 | 赖莉莎

灰子

38号矮房子藏吧吧主，常年游走于藏区与东莞两地，热衷于风光摄影。

图说中国

汪菲菲供图

老街美学

冼金凤

在"乱花渐欲迷人眼"的泛美学时代，广告商、大众媒体每天都在分娩新的美学概念，这些规模化生产的美学，最终都指向了物质和消费，让人难以分清是自发形成的潮流，还是商业炒作。如当下流行的网红美学，某种事物一旦在网上走红，便会引来一群人趋之若鹜；又如被滥用的新国潮美学，复古元素被肆意地拼贴硬凑……或许它们的出现未尝是坏事，但是只有经过时间淘洗沉淀下来的美学潮流，才有可能成为未来的经典。

然而，当人们的独立审美能力在下降时，关于美的多元性和创造力也会随之被削减，就像达尔文所说，如果每个人都是一个样，世界就没有美了。这些年，我们看到很多古镇为了商业复活，被打造成下一个×××，"千城一面的改造"正在侵蚀其地域性、唯一性；街巷的招牌也未能幸免，被要求使用统一的字体、颜色，过度、死板的管理也在抹杀着街道美学；还有许多盲目仿古崇洋、折中拼凑、猎奇求怪的丑陋建筑，成为城市中抹不掉的疤痕，丑化着城市的审美……

在城市审美日益同质化的趋势下，或许只有老街还保存着一座城市最具本土特色、自然化、生活化的"审美"，因此，我们再次把目光转向莞城老街，试图从它的肌理和内在提炼出"老街美学"。从2018年开始，我们特意开辟专栏记录老街，走街串巷探访老字号和人文坐标，在陈述莞城历史脉络和记录街景变迁的同时，也尝试着走向它的纵深处。与此同时，我们也不禁扪心自问：我们真的足够了解莞城吗？如果策划一期"老街美学"专题，我们能否跳脱出以往写老街的思维？我们一方面担心探究得不够深入，泛泛而谈，流于表面；另一方面又顾虑美学范畴问题，一不小心就写偏了。

于是，我们决定换一种采写模式，不预设探访目的地，不靠手机地图，而是依靠自己的脚步，调动五官乃至全身的感受，挖掘那些因过度熟悉而被忽略美学感受的物件及日常，将以往的宏观历史文化梳理转向老街物件及市井日常的调研工作。这一期"老街美学"专题也因此被划分为三部分：第一部分被我们称为老街物件美学，第二部分是市井日常美学，第三部分则是历史建筑改造案例及探访老街启示录。

在实地采风的过程中，我们意外地发现莞城许多街巷的功能性较为明显。比如，中山路以日杂五金店为主，维新路主要卖祭祀品，旨亭街聚集了大大小小许多的布料店和裁缝店，千祥街则是五脏俱全的小市场，王屋街和北正路主要是居民楼……因此，在"老街物件美学"中，我们以每条街巷的特色为观察对象，比如中山路和千祥街的招牌、旨亭街的布料、王

屋街的门窗，以及沿途所见的旧瓷砖、标语路牌，还有诸如信箱、老式挂钟、竹凳等生活器物，试图从颜色、样式、纹理、材料、功能等方面剖析它们所蕴藏的审美趣味。

在"市井日常美学"中，我们以细村市场、千祥街作为主要案例。在观察瓜果蔬菜、生鲜熟食摆放的秩序时，发现物品陈列的方式首先结合消费者的购买需求。然而，这样有意无序的摆放，却又意外地构成了有序的色彩美学。当我们游历完莞城北隅和西隅一带的街巷市场，我们又惊喜地发现，从建筑、门窗、标牌、服装到生活物件，中国传统的色彩秩序早就被莞人运用得淋漓尽致。或许，当我们试图谈论老街色彩的魅力时，背后真正谈论的是传统色彩体系和审美文化里独特的美学韵味。

除了老街物件和市井日常，我们也关注到莞城老街的建筑。善馀（余）堂作为莞城赫赫有名的历史文化建筑，曾一度经历房梁塌落、屋脊断裂、阁楼里美轮美奂的天花被拆。东莞理工学院建筑系老师袁艺峰和文化产业管理专业老师张颖君组建团队，对善馀（余）堂进行修葺保育活化。这种"城市触媒"的方式，为城市的有机更新提供了一个可借鉴的样本。

此外，我们也留意到很多老街民居在时间的侵蚀下变得伤痕累累，瓦片脱落、墙体起皮、管道老化等问题成为老街不痛不痒的存在。在城市更新的宏观命题上，大拆大建不再是唯一的出路，城市的未来不应该只有高楼大厦，我们也需要维系市井人情的老街。如果莞城老街终将面临改造，我们希望它不会被打造成"下一个×××"，我们只要"我们的莞城"。保留它的本土性与关注本土居民的真正需求，是我们得出的启示。

《书店骊歌》中写道："一条街的面貌取决于建筑，其故事取决于庶民记忆，被记得的街才有故事可言，不被记得的建筑只能叫不动产……当一条街叠印无数的青春足迹，收集浪涛般的城市成长记忆，这条街就拥有自己的身世，能说出自己的故事了。"在时代的浪潮中，东莞曾借改革之风勾勒出东莞最具文化气息和商业繁荣的街景，在书写城市历史的同时，也装饰了无数人的回忆，如今它荣光退去，却依然守护着东莞的文艺气质。

因此，且让我们以探寻老街美学之名，来讲一讲它的故事。或许，在万象浓缩的老街深巷里，我们能诉说的只是片面辰光，而当这些熟悉的街道、老物件、市井日常一点点连缀起来时，却能拼接成一幅充满美感和人情味的老街浮世绘，在城市喧嚣、人心浮躁的当下熨帖了我们布满褶皱的心灵。

光荣之家

文明户

恭贺新春 争取更大光荣

恭贺新春 发扬革命传统

门窗之美

冼金凤

俯视莞城，由一幢幢老房子组成的街巷，犹如清晰可见的毛细血管，贯穿了老莞城的"五脏六腑"。与市中心鳞次栉比的高楼大厦迥然不同，这里存留着东莞这座城市的母城记忆，保持着真正东莞老街的个性肌理，是东莞最具有本土特色的居民群落建筑形态。门窗作为建筑的"脸面"，是建筑气质的外延，是主人审美的体现。它连通着内外，是遮风避雨的庇佑，是故事发生的自然场域，见证着一个家族的变迁；它承载着民俗文化，人们根据岁时节日、红白喜事而更换门扉上的图像、物件，记载着社会群体文化的演变。

一

一条老街蕴藏着千百种肌理，而它也一定有无数个透明的窗口，让你得以借此窥见万花筒中的一景，门便是其一。莞城老街里的民居多为20世纪所建，既有极具岭南特色的西关屋，也有中西合璧的海派建筑，亦有商住两用的骑楼建筑。这些老房子的门，大多数是为建筑的整体设计而量身定制的，要比现在的门更为考究、更具有个人审美。

循着王屋街往前走，穿过大芳园街，走到旨亭街，一路上能遇到几间保存尚好的西关屋，从外观来看，像是竹筒屋。竹筒屋即单开间的民居，因其平面布局如一节节的竹子，故叫竹筒屋。竹筒屋的大门一般为"趟栊门"，俗称"三件头"，分别为屏风、趟栊、大门。第一道是最外面临街的脚门，也称为"屏风门"或"吊扇门"。其形制与窗扇相似，左右两扇或四扇，半高轻巧，开关方便，可以起到遮挡路人视线、增加住宅私密性的功能，在装饰上一般采用简约大方的风格，或填充色彩，或饰以雕花，或镶嵌玻璃，精美小巧，有的门柱头上也雕有花形，因此也有人称其为"花门"。

第二道门是最具特色的趟栊门，从外观看上去像是一个大木框，实则是一个活动的栅栏。"趟"在粤语里有滑动着推的意思，"栊"在广府话里指木箱，开则为"趟"，合则为"栊"，因此，趟拢门也可以简单解释为横向拉动的栅栏式拉门。其高一般为3米左右，宽为1米左右，中间横架着十几根圆木。因为在粤语中"双"和"丧"同音，不吉祥，所以圆木数量一般为单数，通常为 13 或 15 根。趟栊门下部装有滑轮和铺有铜片的木制轨道，以方便推拉，而后部则装有插销和小铜铃，通过插销的开关可以控制趟栊的滑动，与铜铃结合形成防盗门。趟栊门结构精巧，关键部位全部用榫连接，历经数百年也不易腐烂坍塌。

而第三道门则是通高的大门扇，这才是真正意义上的大门。大门扇一般用坤甸木或樟木等木材制造，这类木材材质硬重，抗蛀力强，且不怕潮湿，不易腐蚀，制成的门扇不易变形。由于岭南地区天气常年潮湿、炎热，广府建筑非常讲究通风透气。趟栊门上的格栅既满足了空气流通、采光、视野通透的需求，又具有防盗的功能。门的颜色一般视砖面颜色而定，多为砖红色、黑色，其虚实相间的设计，既具有生活层面的实用性，又兼具艺术层面的美学性，蕴含着古朴典雅、清幽秀丽之美。

除了趟栊门之外，老街民居中最常见的是铁艺门。与现代工业批量生产的铁艺门不同的是，这些铁艺门在色彩、装饰上更为丰富多元，彰显时代特征和个人审美。如万寿路上的一扇民居门，门上的铁艺带有新艺术运动风格，装饰以植物纹样为主题，立体曲线流畅优美，色彩为富有质感的铜金色，摩登中又带有古典的气质。

而在北正路、旨亭街、星耀坊街一带的普通住宅，多见一类简易铁艺门，色彩以胭脂、乌金、银白、青碧等原色

为主，装饰图案有和平鸽、花卉、几何图形、铜钱等，风格简约大方又不显单调，通过象征寓意祈求神灵庇佑，表达对美好生活的希冀。其中双向门的门铰（门环）仿古做成兽面，造型多为圆形，錾出狮子、老虎等猛兽，蕴含辟邪镇宅、祈福降瑞之意。这类铁艺门类似于现代防盗门，临街而立，有着质朴实用的美感。

一扇门，可以延伸出门匾、门额、门神、门环、门联等，从中又得以窥见门户的家第名望、风俗习惯以及宗教信仰，挖掘出一个地方的民俗美学。时至今日，敬天、酬神、祭祖这些民间信仰仪式仍在民间流传，本地民居的大门旁侧通常设有土地门官的神位，逢时添香，以祈佑家宅平安。每逢端午，人们还会在门槛上挂艾草，在门环上挂香包，若是家中添丁还要挂灯，开灯和结灯仪式也有很多讲究和说头儿。

在漫长的时间里，门的文化也被凝练成一个个成语，流传后世。哪一家有人"光耀门楣"，哪一家是"书香门第"，有时看门联便可一目了然。王屋街上的"光荣之家"，其门联便是与门匾相呼应的对联诗句，言简而意深，字体苍劲俊秀，从中可以知悉屋主宗族有过革命功绩与荣耀。北正路有一户人家门联上写着"义气能招天下客，公平所得世间财"，又如善馀（余）堂内所写"积善之家，必有余庆"，两副对联也在一定层面上反映了屋主的志向格局与审美趣味。听本地人说，普通人家门口一般张贴迎春接福的春联，外门常贴"大吉"或"福"字，内门贴关公年画，两侧对联则表达新年祈愿；若喜逢新居入伙或嫁娶，则换相对应的新对联。

二

老子言："凿户牖以为室，当其无，有室之用。"也就是说，盖一间房子，如果只有密封的实墙，那么它是没有用的，只有凿门开窗才有用，因为虚空的"无"的部分，可以出入、通风、采光，有了门窗房子才具有住的用途。窗作为建筑的眼睛，具有实用性和美学性的双重属性，既要具有作为建筑构件的使用功能，又要传达出建筑的气质和内涵。

20世纪早期，随着对外贸易的发展和西方传教深入，彩色玻璃等西方建筑材料传入岭南地区，并逐渐被运用到广府建筑装饰之中。其中，满洲窗便是汇集满洲风格、哥特式建筑材料、广府本土文化而形成的窗式，起初为名门望族或行商所用，后随着广州开设玻璃厂，彩色玻璃在岭南建筑装饰中的运用变得更加广泛。位于莞城西部的中兴路—大西路历史文化街区，是东莞古县城最重要的对外商贸区之一，也是东莞现存规模最大、保存最完整的骑楼街区。除了可园之外，莞城骑楼建筑中便多有运用彩色玻璃装饰，但由于保存不善，许多彩色玻璃窗逐渐被更替，现今得以完善留存的彩色玻璃窗较少。

和平路80号骑楼便是为数不多的保存有彩色玻璃窗的建筑之一，铅白色的外墙配以两扇并排对称的彩色玻璃窗，色彩以蓝、紫、红、白四色搭配为主，画面绚丽多彩，又和谐统一，菱形的装饰图案给建筑提供了装饰美感，也增加了建筑韵律，使得骑楼外观稳重中带了点活泼，素净中见些许华丽。骑楼建筑多为商住混用，一般一楼为商铺所用，二楼用作私宅，色彩斑斓的玻璃用于窗户装饰上，既能保证私密性和良好的采光，又能满足人们的审美需求。阳光透过彩色玻璃照射到室内，营造出美轮美奂的空间，给建筑增添不少神秘色彩，给居住者带来一些生活情趣，具有极高的美学价值。

　　漏窗、直棂窗作为岭南园林的经典窗式，也常被运用到现代居民建筑之中。莞城向阳路两边呈长条形紧密排列的居民楼，在楼道墙体上运用了大量的镂空花窗，在满足通风、采光的生活需求的同时，也产生了很好的审美效果。不同时辰、不同角度的阳光照射，给室内营造斑驳陆离的光斑晕影，丰富了建筑的空间美感；同时，镂空的花窗如同一个个画框，在观赏外面街景与绿植时多了一份隐约之美。此外，漏窗别致精巧的样式，给单调的白色墙体增添了几分清新与秀丽，给建筑增添了些许生气。

　　过去，岭南传统建筑以礼制为文化核心，精巧华丽的门窗装饰多见于名门望族或富商官宦之家。相比之下，民间乡土建筑在装饰上虽没有宫廷园林的繁复精美，但更具有多元性和地域性。就像楼庆西先生所说："同中国古代的宫殿、陵墓、寺庙、园林建筑相比，乡土建筑装饰更多地保留着建筑装饰的原创性，其形象具有多样性与变异性，更多地表现出中国的民俗与民风；形式多元化；对人生充满希望的乐观心态、意念心性的造型手段和群众性的参与，这些构成了乡土建筑的创作特点。多地区、多民族工匠的共同创作，使其成为中国古代建筑文化中十分有价值的部分。"

　　若不是这次"老街美学"采风，我们恐怕很难发现莞城北隅、西隅一带的民居群落仍然保留着20世纪七八十年代的目字窗式（本地人称其为老木窗、平开窗）。这一类目字窗分上下结构，上部分为支窗，下部分为平开窗，玻璃或透明，或加以花卉纹样装饰，外观朴实无华，却经久耐用。我们在搜集各种窗式图片的过程中，发现当地居民对这一类窗式的结构并没有过多的改造，反而是在色彩上融入了多元的审美。当外墙为红瓷砖时，目字窗则多采用经典胭脂色，给人以典雅温馨之感；若是外墙为裸露的白色，其目字窗的漆艺则多使用蓝色、缁色、青碧色、木色等，衬托出建筑或恬静，或沉稳，或淡雅，或质朴之氛围；也有几户人家将外墙刷成杏黄色，搭配蓝色的目字窗，给人以活泼明亮的感觉。

　　老街民居建筑的门窗装饰艺术有着深厚的文化底蕴，渗透在本地居民的风俗习惯和生活细节之中，也反映了人们对艺术美学的见解。然而，随着老街经济的衰落，越来越多的人选择搬进更方便的现代小区，有些具有历史艺术价值的老建筑得不到应有的保护和修缮，美丽的容颜任由岁月风雨摧残，由此不免黯然失落。我们难以预测它们的命运，但总要做点什么，或记录，或发声。

当我们选定"老街美学"为探讨主题的时候，除了想到平时游走在莞城感受到的传统建筑、老式招牌、商铺陈设、市井生活方面的美学理念之外，其实并没有构建出相对完整的内容框架。于是为了避免拘泥在室内的逼仄创作，我们决定走进莞城四通八达的深巷子里去。

就暂且称其为一场不设限的美学探索。我们把每个感官视作敏锐的捕捉器，用目光去触摸古早招牌上沉稳疏朗的字体与配色，用指尖去轻嗅旧墙潜藏的时光气息与纹理，然后借由镜头和文本的形式，尽力还原。

当不再把范畴限定在振华路、光明路、市桥路这些兴盛一时的老街，我们似乎又离老莞城人的生活本貌更近了一步。如果说美学依附人类的审美关系和生活创造而存在，那么我们在莞城老街探寻的市井美学，则是最具备现实与日常趣味的自然美学一类。

寻访不知名街巷

郑友晴

不做招牌

在振华路62号骑楼的前面，我们转角穿进了一条稍窄的小巷。巷口的路标上面写着"西隅王屋街"，至此便算踏进了西隅地带。莞城的西北两隅以振华路、大西路一线为界，往左为西隅，往上为北隅。这王屋街的标识牌与旁边1号的"肥姨小食老字号"一样，都是在老街翻新中经过统一规划更换的，蓝底白字的小方块整齐地贴在泛黄的墙面上。往里走，深青色的石板路面有些不平整，小雨落了半日，行人经过时留下一串啪嗒的踩水声。

巷子的上午十分安静，不知是旧民房大多都已空置，还是年高的居民已经早起外出，王屋街深处，除了往来的电动单车声，以及偶有听到的电视机声，我们似乎是唯一活动的声源。

如果说此行想要从"老街美学"的观察里，为当下"城市美学"的培育寻找一些既存的审美经验和文化关联，那我们应该关注些什么？当"环境美学"越发成为人类生活体验和感知层次的基调，人们开始大量关注城市景观建设的美感营造和古村落群的集中设计改造，那么被分散在城市边缘的老街旧巷会面临怎样的未来？这里遗存的生活气息和物态文明又具备何种美学价值？

东莞城市建设的日新月异可以在新旧对比的景观图像里见到，也可以从身边处处围封修造的工程标识上发现。而关于城市改造中涉及的功用、美学方面的理论研究和公众争议似乎也一直没有停止过。

北京师范大学哲学学院教授刘成纪在解读《城市如何成为家园？》一文里说："在现代社会，没有任何一个对象像城市这样汇聚了人的艺术创造的巧思，并主宰着人的审美经验和价值判断。"他又在谈及城市美学建设的核心问题时，把城市与人性的关系放在首位，认为城市之美的可居性要永远大于可观性。

换言之，人是美学精神的本质，人类聚居则是美学存在发展的物态形式。追求美是人的天性，但很多时候身边城市的空间形态限定了我们的美感想象，这与马克思在谈论美育时说到的"人的审美意识和精神世界的自由是受到人为限制和束缚的"相似，那么在既往城市美学体验的习得外，对早期的传统家庭、老街巷、集市的劳动实践、生活形态、艺术理念的寻迹，则有助于当下美学精神的维度拓展与情感落地。

比如我们见惯了整齐的住宅高楼、井然的商铺招牌，把建设的统一性视作文明城市的必备条件，选择忽视人性中个体自由和审美需求里的独特性。然后我们在莞城的巷子里找到了许多"不一样的色彩"。字体的多样化和配色的简单妥帖，

是旧时代招牌设计的鲜明特点。

　　莞城曾经有着繁华的商业街市，也保留了大批中西结合的骑楼建筑群，一楼集中排布的临街商铺为我们提供了大量参照样本。白底红字是许多手工、艺术类门店的招牌标配，从"维记工艺店""福星玉器""白铁加工""山东炒货"到"同德集邮服务部""丽新影音"，又或者是融入了行业气质的字体设色效果，比如金色的"金丰画框商店"、"晨光玻璃镜画商店"、黄色与红色相融的"国光旗店"、红底金字的"品诺"（原名仕嫁衣）等等，这几乎代表着当时市民审美的简洁取向与商业需求的纯粹性，人们普遍把想法专注在产品的设计制作上而不是宣传效果。

　　或者说招牌更多的是承担店名的标识功能，毕竟莞城早在20世纪初就已经形成了较为完备的分类化街市，许多街巷更是由此得名。从打锡街、卖麻街、葵衣街到果巷、皮鞋巷等门类，几乎涵盖生活所需的各个方面。所以当本地人带着目的外出采购消费，口碑往往是一家店从中脱颖而出的首因。这也是莞城诸多老字号承业至今的缘由，招牌或许几经更换，每个鲜丽字牌下承载的却是守业人最素净的生活本心。

　　我想这也许是老街美学生命的绵绵源泉。从某种程度上来说市井与都市的美感差别就像"无尺码"与"定制品"一般，市井气息往往容纳着人类个性表达的万千形态，人们按需打造各自舒适的生活物件并放养着杂乱无章的美，城里人却忙着追逐轮回的潮流，打磨稍有出线的审美，把自己放进千篇一律的模板里。如此说来"城市美学"理论的搭建就像是廖一梅在《柔软》的自序里写到的，"人看起来不具备获得幸福的天赋，人无力留存任何美好的东西，总是在不断地将其毁灭，然后再去寻找"。

　　这一点在我们探究莞城的老招牌的字体美学时也有发现。比起如今大多规矩无趣的印刷字体，安装于过去不同年代的招牌里几乎上演着一部字体嬗变史。从"兴利日杂五金店""九龙西服""荣三辅料店"到"中山药店""高山矿泉壶东莞经营部""市桥精品一条街"等，体现了手写书法体到美术字的转变，民国时期风行的名家题字充满着浓郁的人情气息，而后活泼开放的字体设计同样传递着限定的时代趣味。

　　但无论是木板镌刻的牌匾、彩漆喷写的简易店名，还是红幅替代的轻便标识、霓虹光管的炫丽设计，这些彰显招牌美学巧思的文化景观，都在城市进程中化作了街巷凝存的风物标本。

中山药店

兴利日杂五金店

九龙西服　承接　来料加工　量身定做　高档西装　酒楼宾馆　团体制服

荣三辅料店

林学跑　记生车　专门店　电话2241682

新兴日杂购销部　和平路56号

秋記餅家
欢迎订做
龙凤礼饼
电话: 0038

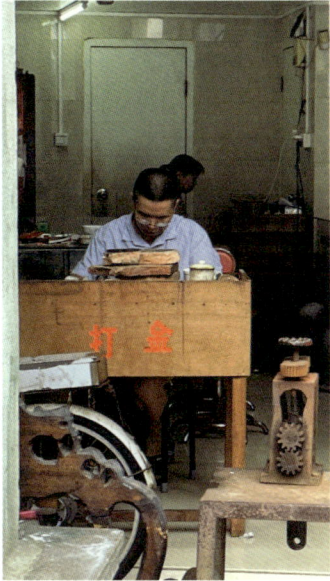

丽新影音
7号铺123.8平方
13713198668
莞城专字号 22220001

东莞经营部
高山矿泉壶

葵衣街
9号101
原名仕嫁衣
品诺

国光旅店

白铁
加工

不成纹理

美学家乔治·桑塔雅纳曾认为人的本质中有一种强烈的倾向：观察和珍惜美的事物，任何心理分析都不足以解释如此奇特的能力。这一观点实际上与马克思在谈到美育与人的本性的联系时十分相似，他认为审美活动是人类所特有的社会性享受活动，美感是超越生理快感的一种精神上的愉悦，只有社会中的人才能超越非社会动物的肉体需要，自由地观赏对象、享受对象。

也就是说，人在改造客观世界的同时，也改造着自己的主观世界。在人化自然界的同时，也人化着人的感觉，使人的感官构造不同于动物的感官，只有在这些感官成为文化工具的情况下，人才能"在对象世界中肯定自己"，才能"按照美的规律来建造"，进而从事美的创造和艺术审美活动。

而实际上，在同质化削弱差异化的社会背景下，人类关于美的创造和审视已经迈入了标准化的困局。人们居住在统一装修的公寓空间里，穿戴着批量生产的服饰，食用着大众口味的连锁美食，工业化的群体习惯取代了原始的审美自由。但是那些构成生活真实面貌的细致纹理不应该成为时代设计品位的"特例"，"手艺"年代创作诞生的美感秩序才是艺术形式与精神的自然肌理。

人工制品的批量出现在城市营造过程中成为常态，从一支笔到一幢高楼都凝结着人类创造力的巧思和实践，人们通过自然习得美感，又在人力创造里改变现实，让人工美把艺术想象的自由精神落到实处。而每一个改造过程中的物件形式都体现了城市美学深厚的文化积淀，它们或杂乱或和谐地勾画出了时代艺术与生活的秩序。

如果说笔直的马路和黄白色的交通标线、下雨时车窗上的朦胧雨痕和街道上的红色灯海，是当代都市街景里常见的线条和色彩，那么老街的自然形态是否能填充我们的更多想象？

于是我在光明路的一家床垫制品店里看到了传统弹簧床垫的制作过程，原地旋转的机器把直的钢线螺成大小相近的圆，整体看似复杂的纹理结构在细节处却具有精巧的美感。曾经凭借光明综合市场和芹菜塘百货商场而人声鼎沸的商业街市光明路，如今仍留存有不少布料店、辅料行，过去老东莞人在这里定制西服、裙装、窗帘、床单被套的习惯也都浓缩在每个具象的图案与用色里。

莞城布料行业的兴起与20世纪80年代纺织业的集群发展和港澳时尚思潮的传入密切相关，而两大布料经营市场则集中在了芹菜塘和旨亭街一带。这一点在我们寻访旨亭街时有直观体验，主街虽不算宽敞，但餐饮店、书店、针线店、车衣店却密集地从路口往里排布。

我们在旨亭街排骨饭用了午餐，然后和隔壁小甘服饰的老板聊了聊。店里一对中年的纺织师傅娴熟地操作着缝纫机，闲话之余一条酒红色的裙子逐渐裁出了形。二十多年的手艺经验让他们积攒了许多熟客，从简单的衣服修改到烦琐的制服定制，从他们手下出品了各种各样的服装款式，他们从脚踩的老式机器换成自动化缝纫机，但墙上摆放的彩色尼龙线和传统的手绘订单，依旧传递着老街生活里无尽的烟火味道和美

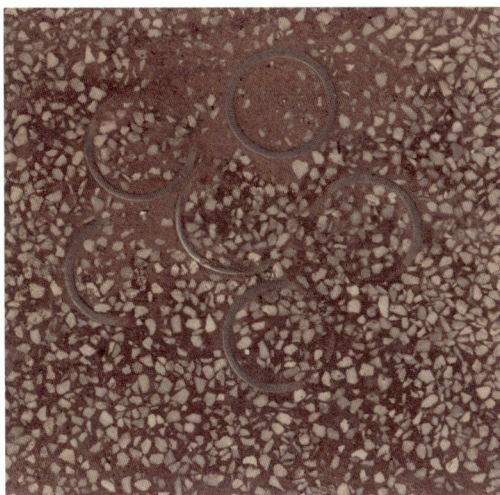

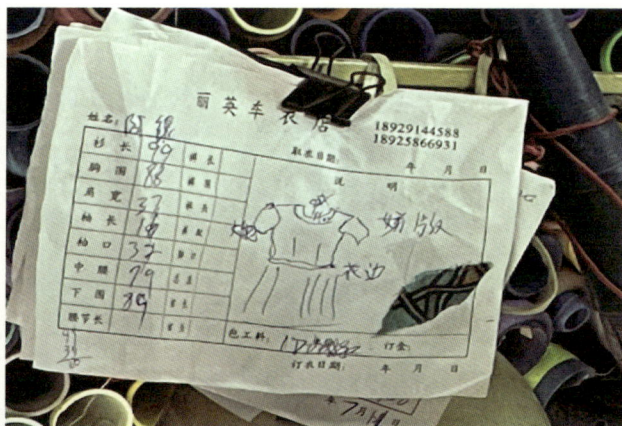

学记忆。

    手工美感的秩序除了生活物件，也呈现在巷子墙面的纹路之中。从长条堆砌的青砖、红砖墙体，到交错配色的小方砖设计，老街的墙面工艺似乎总是流淌着粗犷又质朴的美感，协调的色彩和线条无论是与绿色的路标、红色的标语，还是棕褐色的门窗，都十分相衬。

    这与亚里士多德谈到物体形式的美时提到的"一个有生命的东西或是任何由各部分组成的整体，如果要显得美，就不仅要在各部分的安排上见出秩序，而且还要有一定的体积大小。秩序就是部分与整体以及各部分彼此之间比例关系的和谐表现"类似。而当我们寻访莞城老街区里美学的局部和细节的时候，实际上它背后承载的是过去的老城生活和时代遗留下来的文化记忆、情感归属和精神根基，其中的每个构成或大或小，会成为未来城市美学培育和历史样本的鉴照。

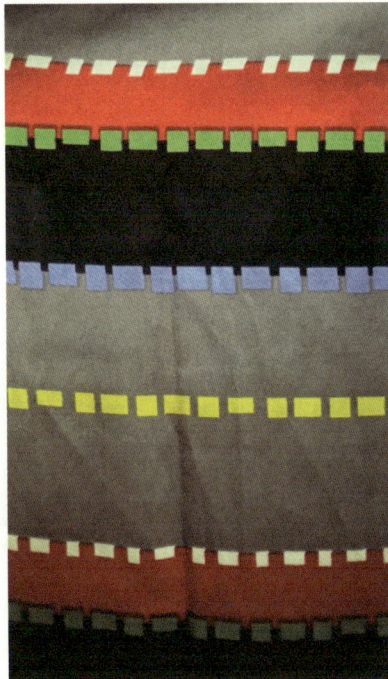
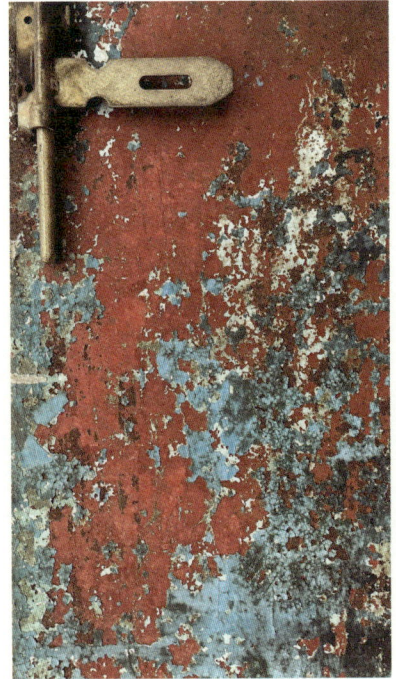

徒步老街的字符观察

冼金凤

老街是市井生活的真实写照，也是城市发展的镜子。有人说，老街好就好在足够包容，在这里，东莞的风情人文被保留，季节与自然的纹理分明，生活的逼仄与烟火气并存，流动的水果摊贩、搭客的三轮仔、接地气的服装小店、自发的街头涂鸦……均能混迹老街野蛮生长。为了谋生活而落地生根的人们，带来不同的审美与观点，共同交织老街独一无二的街头文字和艺术。

东莞市桥路自唐宋时期便是东莞经济中心，一路跨越明清、民国初到改革开放时期，街上的商铺换过一批又一批，街头巷尾的文字语言不断更迭、消亡、再生长，见证着老城区兴衰起落的同时，又折射出人们审美和街道美学的变迁。现今，虽有不少店铺换上了新式招牌，但在字体设计上仍有讲究，既有隽秀的楷体、端庄的隶书，也有古朴的篆体。老字号"时电廊"仍然保留20世纪精写细造的招牌，门口两侧写着标语"迎来三十春，贵客是我恩"，言简意赅的文字蕴藏着满满的诚意，道出了店铺、街巷和人的情谊。此外，市桥路两侧的兴贤里、同德街、赐归巷等牌坊也保留原有的题字，传递着每条街巷独有的人文气息。

从市桥路的南侧拐进迈豪街，两侧不少的商铺因为人流量骤减，店内不约而同地挂起手写的促销广告或标语，文案如"结业清货，回家带娃""改衣服只找×××"等，也有的店铺顺势而为，在门口贴上"休息一日或几日"的告示，语言简单直接，甚至粗犷，但因为是手写字体，这些文字蕴藏着书写者和当地的个性，往往线条粗细不一，章法自由无序，甚至带着一点稚拙感，点缀着街巷的个性肌理。

同样，那些散落在街巷的宣传标语也承载着一个城市的记忆。从人口与计划生育管理规定到创建文明城市标语，有的标语已然成为过去式，却又反过来映照当下；有的在语言上具有一定审美，值得考鉴。这些不同时期的标语里留存着真实而又形象的历史，折射出时代背景之下人们的真实生活和情感。以创建文明城市标语为例，从前期的"人人爱干净，东莞会更靓""人民城市人民建，人民城市人民管"，到如今的"创建国家文明城市，是每个市民的责任""共创文明城市，共建幸福东莞"，过去的标语在语言上采用本土方言，亲民又接地气，更具地域性和号召力，给现在的城市标语提供了借鉴。

街头涂鸦作为一种野生艺术，永远在更新变化，在发声，就像是一本鲜活的城市杂志，体现一个时代、地方的文化和思想，却始终游离在公共艺术和城市规范管理之间。因此，它们常出现在老街区、废墟，或是闭店的卷闸门上。穿过向阳路邮政桥，可园北路一侧是莞城历史文化石刻墙，上面刻有莞城县治图、学宫图等，以及古籍中对东莞建筑的记载和诗词文章。再径直往里走到可湖横路，可以看到两侧的围墙上满是涂鸦作品，绚烂夺目的色彩与灰暗的旧墙形成强烈的对比，冲击老街原有的环境色彩，与历史文化墙形成一种新与旧的对照。

这些涂鸦中，有的是简单的字母组合，传递作者的某种观念；也有的是汉字，如《好久不见》以橙红色调为主，字体线条饰以藤蔓，表达出一种思念的情绪。此外，还有人物、动物等形象，暗喻某种人生哲理或社会话题，有的是单纯出自作者的奇思妙想，有的则因为重叠、覆盖、意外组合而重新形成了新的特别意义，就像一个自发的街头艺术展览会。这些形形色色、大大小小的涂鸦，或许凌乱，或许抽象，又或许叛逆，但无论如何，它们的出现丰富了老街的景观和内涵，引起路人的思考与共鸣。

从文字到涂鸦，从宣传标语到广告文案，这些野生的街头文字与符号背后传递的是某种社会面貌、市井生活状态，或是书写者当下的心情或情绪。但它们都是真实的、生动的，都带着各自的个性、活力和气质，蕴藏着一种生活化、自然化、平等化的市井美学，让我们看到老街更加多样化的切面。

生活器物里，
时间拖沓的美感

蔡妙苹

　　民艺大师柳宗悦曾说："器物因被使用而美，美则惹人喜爱，人因喜爱而更频繁使用，彼此温暖、彼此相爱，一起共度每一天。"美是何物？生活器物又美在何处？我思考了许久，后来听老一辈的人聊起那个年久失修的八角钟，听着他们对过去的点滴侃侃而谈，我想，物件的美大概就是它的痕迹感。

　　在做这次选题之前，我们行走于老城之间，重返旧街老巷，想在生活日常中搜集一些美的、充满生活痕迹的器物。它们的意义是时间赋予的，物的痕迹、时间的痕迹、人的痕迹，即使旧的物件一点点被迭代，但只要它存在，就能唤起人们的记忆。

借器物跨越时光

随着网络信息时代的到来，QQ、微信和微博等电子通信的方式逐渐取代了传统书信。网络科技的发达的确让人感到"天涯若比邻"，但也让许多人与现实割裂，缺少了与人深入交流的机会，封闭在自己世界里，成为一个个独立体。屏幕前冰冷的文字没有了手写文字的温暖和真实触感。门外的信箱渐渐成了老城区的摆设，它是陈旧的、残缺的、被废弃的，但是它的背后留住的却是蹉跎岁月里，一代人的成长回忆。

同样是蓝色的信箱，《南方日报》的信箱以塑胶制成，褪去的红色底色搭配"南方日报"的白色字体，"高度决定影响力"作为小标题，表示在新闻信息的选择、处理上，有自己的高度和独特见解，发出自己权威的声音，才能对社会舆论产生引导作用，才能产生更大的影响力。而《东莞日报》则是铁制的蓝色信箱，绿底白字。彰显了"本土就是主流"的核心理念，突出了东莞鲜明的地方特色。"贴近就是力量"，努力打造一个具有影响力且贴近民生的思想阵地，凸显岭南文化发源地那份深厚的历史底蕴。

黄色的胶制信箱里，醒目的"广州日报"红色标题下是一行"追求最出色的主流新闻"的小标题，这是《广州日报》奉行的宗旨，以理性观察、建设性为出发点，以务实、开放、求证的心态冷静地观察社会走势，以建设性的视角来报道新闻。而《广州日报》的信报箱另一版本则为红色，在原有小标后增加了"最具公信力的媒体"，反映出了主流媒体的权威和公信力，也是其在传播市场上最大的"卖点"。

除了各报社颜色不一的信报箱，在老街的居民房里，也不乏集体信箱和街坊们自制的信箱。它们以单色为主，简单地在信箱上写上街道和房号的信息，每房一个，以朴素和实用理念为主。看着这些颜色已经泛白且极具仪式感的信报箱，我怀疑，那个时代的人们，回家的第一件事是满怀期待地探头看看信箱里有没有报纸，有没有心上人的回信，再踏进家门。

不知道什么时候，纸信的书写形式渐渐被淘汰，我们似乎早已忘记最后一次收到信件是什么时候，提笔忘字成了现代人的常态。综艺节目《见字如面》里，嘉宾朗读名人家信，以信件打开历史之门。若信件有回信，就安排两位朗读者同台并接着读，真实地还原两位写信人在那个年代对话的真实情感，如同跨越了时空。信件作为一种已经快要被遗忘的联系方式，有其特定的时代价值和背景，再次拿出来朗读，浓浓的时代感扑面而来，仿佛被赋予了新的意义。

不管是不是"车马邮件都慢，一生只够爱一个人"，我总觉得写信还是不能被替代。只要想着那一张张看似脆弱的纸片，代写信人走很远的路，为远方的朋友们带去一些聊以慰藉的东西，好像就已经很满足了，比起一秒送达、一秒撤回的微信，信件"落子无悔"般的沟通方式更加郑重而真诚。

修修补补实际是珍惜

器物的美，含蓄且情深。有时候对器物的念旧，并不意味着它价值多高，而是纪念着背后的一段段故事。物件代表了一种存在，它或许已经残旧，或许毫不起眼，但它却是无法复制的唯一。旧时，人们会专心致志地创造每一件器物，师傅们将自己的感情、理念与技艺打造出一件件富有生命的器物，像孕育孩子一般，每一个器物都拥有其独特而唯一的印记。

小的时候，走在街巷角落，随处可见修表老手艺人的身影。那时，每家每户都会摆放一个时钟，大人的手腕上也会戴上手表。在那个物资匮乏的年代，时钟和手表无疑都是奢侈品，因为贵重，人们都细心呵护。一旦有什么问题，哪怕只是表带的一个扣子坏了，珍惜它的人都会拿去维修。20世纪90年代末，电子表和石英表的诞生，极大地冲击了机械表的市场。而后BP机（寻呼机）、手机流行，人们的计时工具逐渐更新换代，钟表不再是人们生活的必需品，许多手表维修的摊铺或生意冷清，或不知不觉地消失。现在人手一部手机，提供了清晰明了的时间提醒，于是即使家中常挂着时钟，也很少人会抬头看看时间了。

旧时的钟主要有圆形钟、方方钟、八角形钟、落

地形大钟、挂墙大钟、小鸟钟等形状，而当中又分为电子钟和发条钟。

八角钟是20世纪60年代的物件，黄姨的妈妈当时买来专门庆贺乔迁之喜，现在放了家里的杂物室。落满灰尘的钟面，木质的外观，内圈由圆形往外扩散至外圈的八角形，用手摆动钟摆而发出的咿呀声，透露着那遥远年代的痕迹。时钟表面上的两个孔供给专用的发条钥匙，顺时针扭动上发条的钥匙，直到拧不动为止，两个发条都拧满后，用手指拨动分针调对时间，最后摆动一下钟摆就完成了时间的校对。指针移动的滴嗒声，被当作时间走过的足印，整点报时的当当声，既提醒了人们时间，也为老宅子带来一番平静。八角钟陪伴着这间老房子，讲述着一段长长的故事，呈现出耐人寻味的年代质感。

俗话说："一根藤，全身是宝。"藤编的箩筐、背篓和枕头等编织物也是手工产物的代表之一。藤编，顾名思义就是用藤条做原料，以此编织出物品，就像人们日常生活中见到的家具、寝具、日用品等。如果要细分，藤编就是把一根藤一分为二，剥离出来的柔软藤壳用来编织表面，而坚硬的藤芯则用来编织支架。编织品在20世纪大多是妇女在制作，在两对藤条的中间位置帮一个十字结，每次围绕着十字结转圈交叉绕入细藤条，再一圈一圈细细地缠绕，完成后再剪去绑的十字结。

在没有空调的炎炎夏日里，一张藤椅，一条藤席，便是旧时度夏的最佳伴侣。现今人们的生活水平提高了，藤制成的器具也慢慢消失在人们的视野里。不同于现代工业制品的规模化和批量生产，藤编箩筐在手工制作生产之时，便融入了生产者的设计和审美理念。一件传统的手工藤编工艺品，若是利用得恰到好处，也会给平淡而美好的生活带来意外的点缀。

《眼中人》里提到时光重叠在一棵树上，旧枝叶团团如盖，新条从其上引申。时光在树上写史，上古的颜色才读毕，忽然看到当代的旧与新，往昔与现在，并不是敌对的状态，它们在时光行程中相互辨认，以美为最后的依归。在悠长的时间岁月里，所有的一切最后都会回归平凡庸常，而器物带着岁月的安详与沉稳，留下了一身痕迹，帮我们承载着回忆，让从前变得可以触摸，这就是珍藏在器物里，时间拖沓的美感。

菜市场的美学观察

香晓颖

　　了解一个城市最好的去处，是它的菜市场，那里蕴藏着生活的流动盛宴，有城市间最地道的风情，也有最接地气的风景。水果档五彩斑斓的色块、菜档整齐有序的陈列、烧腊档温暖明亮的灯光……菜市场本身充满了生活的美学，只是它的美学感受常常被忽视，甚至无形地消解在嘈杂、脏乱和腥气之中。

　　若将发现美的目光落驻在菜市场，就会发现它所迸发的强烈的生活气息与独特的菜市场美学。随我们一同前往藏在老城腹地的细村市场和千祥街，深入最繁杂热闹的街市菜场，在活色鲜香的乡野物产和可亲可爱的人情百态中，重新认识菜市场，完成对老街美学的探索。

细村市场的巡礼

从洲面横街这头进入细村市场，虽然是工作日，早上10点的细村市场却热闹依然，入口处的行人和小货车交织穿行，小货车送来新鲜的货品，老街坊们拎着菜篮子或小拖车来逛市场，装满蔬果、鸡鸭鱼肉再心满意足地回家，年轻主妇们手上拎满五颜六色的塑料袋，袋子里的鱼虾还在扑腾，每个人都为了新鲜的食材而来，但远不止于食材。作为老城区最大的市场，这里的商品几乎涵盖了生活所需的方方面面，从蔬菜水果、肉禽鱼蛋到服饰鲜花、日用杂货等，应有尽有，各个档位秩序井然，市场环境的改善，让人逛得神清气爽。

肉菜市场外围的商铺是清一色的海味干货店，为了招揽生意，每位店家都竭尽心力地展露他们的美学功力，用荧光卡纸写上价格标签，试图用鲜艳的价签吸引客人的目光。当然了，他们的陈列更多遵循的是实用主义，金贵的鲍参翅肚置放在店内货架上，而常用的香辛料桂皮、香叶、八角放置在最外面，糖水食材、炖品药材、干制菌菇紧邻在侧，几乎所有家庭常用的辅料食材都齐聚于此，被装在一个个透明塑料袋内，整齐地堆放在店门口以供挑选。

进入肉菜市场，忙活了一早上的档主们正在整理档位、补货，又或者在打盹休息。作为门面的蔬菜档陈列实在赏心悦目，一摞摞翠绿的菜心码放得整整齐齐，饱满圆润的花椰菜、包菜垒成小山包，鲜艳亮泽的彩椒、西红柿组成五彩斑斓的色块，各式蔬果被档主们按照各自的喜好精心地摆放在泡沫箱盖上，展现着他们独特的陈列审美。市场里竞争激烈，想要让自己的蔬果赢得青睐，除了整洁美观，当然也要花点巧思，柠檬上放三两簇绿叶装饰，切半展示其上乘品质。若说蔬果档主掌握陈列之道，那么肉类和烧腊档口称得上深谙光色之妙，肉档红色的生鲜灯把肉映得格外红润鲜嫩，烧腊档暖黄色灯光照得皮色鲜亮诱人，谁人能禁得住这样的视觉诱惑呢？

回到室外，铁皮棚下的路边水果档格外热闹，当季的黄皮和龙眼无疑是最受欢迎的水果，黄皮那金黄色的皮相尤其诱人，黄澄澄的杧果和榴莲也不甘示弱，火龙果红红火火地上市，各色苹果也在卖力地表现，争鲜斗艳，水果档从来不乏缤纷色彩。走进挨挨挤挤的人潮，摊贩的奔忙吆喝和师奶的讨价还价在混响，声音在耳边此起彼伏，自然得像鸟叫虫鸣一样美妙、充满生机，丝毫不觉恼人，我这才真正体会到了汪曾祺所言逛菜场的"生之乐趣"。

往铁皮棚里走，摊位主要为零食糕点、海味腊味、药材五谷等档口，边上的饮食店，方才结束了早市的营业，炎热夏日里竹蔗糖水、昆布海草等各色清凉饮料颇受欢迎。塑料袋店隐匿在市场的角落，为摊贩们提供花花绿绿的塑料袋，红的、黄的、蓝的、绿的、灰的，应有尽有，叠摞在货架上像调色盘一般。转角来到百货区和流动摆卖区，衣服、鲜花、日用杂货等商品琳琅满目，服装档口挂满各式各样的衣服，看得人眼花缭乱，师奶们偶尔也会在买完菜以后，来这里给自己或家人淘上几件新衣。

小时候跟着家长到细村市场去趁墟（方言：赶集）、扫年货，偶尔也会被允许买上点不健康的零食，这大约是周边居民关于细村市场的原始记忆，26年时间，伴随几代人的成长。随着城市化的发展，旧菜市场的搬迁、改造、升级等消息不绝于耳。去年2月底，莞城街道粮仓片区城市更新项目中标结果公示，公示显示细村市场所在的地块被列入改造范围，意味着细村市场将面临新一轮的改造升级。市场将如何改造，也许在不久的将来就会有答案。对于热爱生活的人，不论市场如何变化，美一直存在于眼中。

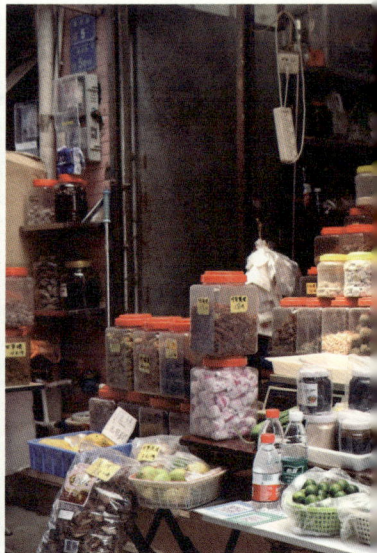

千祥街上的野生市集

千祥街，一条专卖各种年节传统小食的街巷，头尾连接葵衣街和珊洲生果街，与中山路、教场街、旨亭街等多条横巷相交，四通八达的街巷让千祥街拥有了成为街市的天然优势。在平时，千祥街是一个平平无奇的肉菜街市，若非老街坊，很难发现这样一个街市，而到过年就摇身变成红红火火的年货街，是东莞人置办年货的必到之处。如果在细村市场年货没买"够瘾"，步行10分钟左右，穿过南面涌巷和生果街，就可以到千祥街继续买买买。

走近千祥街，街口卖蜜饯干果的档主热情地把我招呼过去，介绍起他自制的广东三宝，还有不久前新晒好的荔枝干，档位旁边还有正晒着的龙眼干。让我出乎意料的是，这位说着地道的东莞话的档主阿叔是辽宁沈阳人，在东莞生活了将近20年。"做点小本生意，搵（方言：找）两餐。"阿叔说道。走进狭小的街道里，人们来往穿梭摩肩接踵，摊贩吆喝声此起彼伏，街坊们手挎环保袋，骑着自行车，停在摊档跟前仔细地挑选，一装一过秤，接过袋子又匆匆离开。

在不到200米长的街道上，蔬菜水果、肉类禽蛋、调味副食、糕点礼饼等摊档一个挨着一个，就连头饰、挎包、床单布料、锅碗瓢盆等摊点也跻身其中。果蔬摊贩们租下沿街铺位或借用屋主门口位置摆摊，这些商品大都摆在泡沫箱或篮筐垫高的货架上，也有的搁在三轮车上。商铺内的货品摆放则精心得多，咸品店的红罐子堆成金字塔，裁缝店的各色花布匹垂挂在竹竿上，方便顾客挑选。头顶彩色的篷布交叠组成天幕，遮阳伞如蘑菇一样开放着，但阳光和雨水还是偶尔会穿过伞篷的缝隙，洒落在过客身上。

对于附近的街坊，这个颇有人气的小街市确实方便一日三餐的采买，骑着自行车、电动车溜达一圈，顺手就可以把菜买个遍，200米不到的街市，恰好满足了街坊们的日常所需。"我都很久没有走远，这条街什么都有得卖，我都半年没去细村市场了。"娇姨美食的店主说道，"我早上就到前面相熟的档位买点肉、青菜、鸡蛋、水果，在这里买菜做饭很方便，出了门口就是街市。"千祥街买完年货和肉菜，到葵衣街购置婚嫁礼服和床品布艺，又或者到芹菜塘买点衣服和玩具，三条老街各成行市，彼此首尾相接俨然构成了一个小细村市场。

千祥街上聚集了多家制作传统小吃的饼店，这些饼店通常以前店后工坊的模式经营，前面门口在售卖，后面的工坊在赶货，所以在街口远远就能闻到各家店小食新鲜出炉的酥香。娇姨美食门口的货架上整齐摆满各式小食，油角仔、蛋散、糖环……林林总总超过四十种。档主娇姨来自广西，从2000年开店至今，两夫妻一起打理，她介绍道，过去生意好的时候要请工人帮忙，今时不同往日，自制小食都是卖完一批再做，也就不再请人了，儿女、媳妇偶尔帮忙。娇姨正和我聊着，一位妈妈带着一对儿女，停在店铺前，娇姨热情地上去招呼："尝尝看，没关系。"三人边尝边挑，这是孩子们难得的零食自由时间，最后一家人满载而归，尽兴而返。

千祥街保留了市场古早的模样，丰盛、流动、热烈、朝气蓬勃，这里有最立体的生活氛围感，在原生态的市场里，看到生活本身最质朴的一面。在这个小小的街道市场里，除了商铺，摊贩们自发聚集日渐形成市场，沿街摆满地摊、三轮车

和手推车，很是热闹，这也导致了街道通行的空间十分有限，不得不说的确有点儿"野"，但丝毫没有影响到人们买菜的热情。虽说它"野"，但街道整体的环境和秩序还是维护得相当不错。随着城市文明的进步，像千祥街这样的"野生街市""马路市场"场景不知道还能存活多久，也许，很快就会消失，成为历史。

热闹的小街市，看似杂乱但鲜活有生气。熙熙攘攘的人群，周边充斥着熟悉可爱的乡音。"看看买点水果"，三轮车卖水果的阿姨热情吆喝着，我停下买了两个桃子，于是愉快地打开了话匣子。原来阿姨在附近有家自己的水果店，但每天还是骑三轮车到千祥街，在四通八达的巷腹里做生意："上午根本没位置摆档，就趁下午有空档位，出来能卖一点是一点。"卖水果的阿姨坐在板凳上摇着手中的扇子驱散暑气，菜摊的小孩安静坐在边上看动画片，空闲的档主聚一起打麻将，千祥街的午后充满了老街独有的慵懒安逸的生活气息。

热爱生活的人，一定会发现菜市场的魅力，菜市场不仅是买菜的地方，更是一个地方生活的缩影。菜市场有最鲜活的美学，人们关于生活的智慧和美学的感知，习而不察地隐伏在菜市场之中。每一个菜市场，每一位摊主都有自己独特的审美趣味。细村市场赏心悦目的陈列，千祥街生机蓬勃的生活，都是菜市场美学最生动直接的体现。

如果你有空闲，不妨去菜市场逛逛，看看摊主们忙忙碌碌的身影，看看买菜人进进出出的脚步，让满场的生鲜活物、满面的人间烟火熏染一下，重新体验不一样的生活之美。

藏在老街的色卡

郑友晴

老街似乎是城市里颜色最匮乏的地方，许多鲜丽的色彩也早在流逝的岁月里逐渐消褪了。如今通过镜头捕捉，只觉自带时光滤镜的景观都像老照片一般引人回顾，浓郁的氛围感反倒成就了老街的故事原色。

三月寻春时我们在莞城找到了许多新绿的浅与花枝的艳，以为自然的着色会是旧城区焕发朝气的点睛之笔。此次细探后才知，从建筑、门窗、标牌、服装到生活物件，中国传统的色彩秩序早就被东莞人应用到各方面。当我们试图谈论老街色彩的魅力时，真正谈论的是背后传统色彩体系和审美文化里独特的美学韵味。

人们往往惊叹于影视、艺术作品里充斥的色调质感，把故宫文物的色谱、《红楼梦》的色彩搭配、王家卫电影的用色风格等视作色彩审美和运用的典范，却对身边老城街巷里俯拾皆是的色彩表达视而不见。如果说颜色取自自然，美学源于生活，那么烟火莞城又潜藏着哪些色彩与美？

三原色与五色文化

起初发现老街的色彩美感是在从振华路转进王屋街、大芳园一路的时候，巷子深处总是保留着历史斑驳的痕迹。我看到涂了粉绿色漆的墙板上垂挂着鲜绿的枝叶，看到象牙白的漆面外墙爬上了浅灰与米黄，看到裸露的红砖墙上打开的栗棕色木窗，有些纯色的墙壁被写了显眼的字，有些深浅相间的瓷砖铺了整面，倒是落了些活泼生趣的效果。

然后我们从德厚里借由旨亭街，穿到葵衣街、千祥路一线去了。沿路见到许多绛红色的门窗、青灰色的墙砖、杧果黄的民房外漆、碧青色的衣裙、瓷砖和招牌。小巷四通八达，不同巷陌之中穿梭着各异的面孔，却有着相似的景色。或者说红、青、黄几乎构成了莞城建筑群里亮眼的"三原色"，尽管如今骑楼外墙的翻新、商铺招牌的更换、旧楼的改造新用，都为老街的复兴增添了些许斑斓的色彩，但早前莞城人对这三道"原色"的灵活运用，亦悄然传递着流传至今的审美情趣和文化意象。

当我试图提出"东莞人是否有特定的用色偏好"的问题时，发现透过基础的"三原色"便能看到中国传统色彩中"五色体系"的规律。不同于西方色彩文化中七色光谱的物理特性，和明度、纯度、色相构成对应颜色编号的科学属性，中国自古更注重"随类赋彩"的色彩观念，即设色取自世间万物，古人把"阴阳五行"学说里的金、木、水、火、土分别对应白、青、黑、赤、黄作为五种"正色"，再由五原色混合衍生出其他"间色"，由此组成中国传统的色彩秩序。

实际上这也是中华民族"尚五"文化的视觉体现，"尚五"观念的核心"五行"思想说的是宇宙万物的起源都来自这五种元素，并将其与五色相对，认为五色生万色，《孙子兵法·势篇》记载的"色不过五，五色之变，不可胜观也。"不外如是。其中白色为基础，又有春青，夏赤，秋金，冬墨之分，把色彩之起承转合寓于四时流转之间。二十四节气是古代农耕文明的精华，用色彩来解读自然、时间、生活之变，是古人认知和想象世界的一种浪漫方式。

由此看来，莞城建筑中常见的三类色彩红、青、黄，也不过是传统的五色形制被人们付诸生产实践的产物。颜色原料从自然界中提取，又被应用于生产活动的赋色，从器物、服饰、饮食到绘画、诗词，不同色彩在使用中形成了新的寓意，于是"物质的颜色+物名"的命名方式逐渐成了中国传统色名的配置格式。

比如西城楼城墙上稳重大气的"砖红"，在几百年风雨后几乎成为莞城代表色混迹在人们的日常生活中，我们在营业近四十年的老字号黎姨鸡蛋仔、走过了十六个春秋的文化周末剧场、临近周岁的细细间咖啡，都见过不少它的色彩与美。取自相同物质的原色因深浅不同又被细分成诸多色号，就像"中国红"与"莞城红"实则有着肉眼可见的差异。实际上用色习惯在发展进程中呈现出较为明显的时代性与地域性特质，这与不同时空背景下人们各成一派的文化语境和历史情感密切相关。

火砖红

　　在莞城见到的颜色中，火砖红是最让人过目不忘的一种。不仅是当它被烧制成一块块牢靠的砖石被安置在西城楼底座下，然后陪伴这座老城走过百年后流露出的沧桑美感，或许还有一种与大地共生的，被拓写在街坊生活细处、镌刻在莞人记忆深处的文化力量。

　　时尚审美观的变换，或许永远无法改变这一用色偏好在莞城人心目中的位置，这就好像热烈祥和的正红色，始终象征着中国文明繁盛团结的精神皈依和民族品格。传统的五色体系之中黄色为本位，并划分出玄武（黑）在北、朱雀（红）在南的方位规则，在此礼教秩序之下广东人崇尚赤色，同时伴随明代因皇家朱姓而大力倡导的红色文化，都是火砖红在莞城被重用的史实既证。

竹青

意大利作家卡尔维诺在《看不见的城市》里写道："城市不会泄露自己的过去，只会把它像手纹一样藏起来，它被写在街巷的角落、窗格的护栏、楼梯的扶手、避雷的天线和旗杆上，每一道印记都是抓挠、锯锉、刻凿、猛击留下的痕迹。"当我在老街旧巷屡次发现竹青色的路牌、墙砖、废弃信箱、漆面门窗的时候，仿佛窥见到了莞城在迢迢岁月里被色彩定格的生动瞬间。

青色是一种含有绿色的蓝色，古人将其与春天相连，也赋予了它许多如万古长青、平步青云一类的美好寓意。尽管在如今的城市建设中青翠和墨绿都不算少见，我们在马路两侧的人行道边栽的树上、星罗棋布的咖啡店里举目皆是，但老街里的竹青色却依然显得如此清丽又雅致，总是在入目的瞬间予人一股温柔的美感。

松黄

毕业后与别人说起东莞中学，围墙门牌上的松黄色和每年五六月鲜红的凤凰花总是在记忆里格外鲜明。曾经在读书时代习以为常的素洁淡黄，几乎凝作了心中一道无形标签，让"莞中黄"成为莞中人乃至东莞人惯用的一种色彩描述。

在中国古色的定义里，"松黄"原取自马尾松的花簇，又指一种淡黄色的笺纸，经唐代诗人薛涛设计发明后，被用作写诗写信并广泛流传。后来在寻访中我发现这抹蕴含着文学气息的松黄，在莞城的色彩地图志上，并未止步于学院之内。

你或许见过振华路大西路一些商铺招牌上的黄色，也或许见过新风路上新教学楼与旧民房交错的黄色，又或者见过旨亭街某家针线裁缝店里细致排列的黄色系列。在过去象征高贵和威严的皇族专用色的时代消逝之后，活泼鲜亮的黄色越来越多地出现在莞城百姓的住宅、市肆之中。

如今莞城版图之内的规划改造时刻都在发生着，许多老街仅存的生活气、年代味和色彩美都在逐步被城市建设取代。当我们试图用摄影、文字对老街里的市井风韵进行记录备忘时，却也在同步经历着这份状态之下的美感和记忆的缺憾。卡尔维诺说："记忆的形象一旦被词语固定住，就给抹掉了……也许，讲述别的城市的时候，我已经正点点滴滴失去它。"

透过建筑，看见老宅的美

蔡妙苹

　　近年来，城市建设进入了高速发展阶段，在基础设施建设已日趋完善的同时，城市历史文脉的保护与建设却极大程度地被忽略。建筑中一些区别于他城的特色与个性似乎逐渐消逝。在城市特色逐渐消失的今天，其中老建筑的维护和保育作为守住城市特色的最后一道防线，尤其需要被珍视和把握。

　　位于北正路的善馀堂，于辛亥年间建成，经历了抗战的战火、日军的践踏以及"文革"的侵害，这座老宅历经了百年沧桑。就在它"奄奄一息"之际，"善馀营造"团队的出现，让这座沉睡的老宅重获新生。他们以城市触媒的形式，将善馀堂作为载体，注入年轻力量，搭建一个便于青年交流的社区空间，重构了常人对建筑美学的认知，从建筑保育出发，促使居民了解城市历史，以此促进城市建设的有机更新。

重现老宅历史底蕴

"解读，是修缮的第一步"，袁艺峰老师曾在《三年，我们在善馀堂修什么》中说道。历史建筑承载着特定时期的文化内涵和人们的生活方式，修缮工作如果从保护历史建筑出发，那仅仅是建筑保护的基础，建筑所承载的生活方式、意识文化，乃至整个城市的历史，才是最终需要保护和修缮的部分。由此看来，了解建筑的历史是至关重要的。

穿过车水马龙的市桥路段，拐进北正路横巷，这里巷陌寂寂，人迹稀少，与街道仅仅几米远，景象却截然不同。再往里走，一座老旧却古韵犹存的灰白建筑藏匿于深巷之中，这便是善馀堂。善馀堂又名谭屋，《易经》中道："积善之家，必有余庆。"意为前人行善，必泽被后人，善馀堂中的"善馀"二字便取于此。

善馀堂是莞籍华侨谭云轩的私宅。清末，年近花甲的谭云轩和正妻苏有筹划回莞建造一座大宅，以供子孙后代落叶归根。图纸在越南完成，且由苏有带越南设计师回莞操办建造事宜。善馀堂于清末施工，在兴建过程中辛亥革命爆发，其后国内革命运动风起云涌，"庚款"留学生陆续归国带来的西学观念和革命思潮与传统价产生激烈碰撞。"新文化运动"开始，"五四运动"爆发，西学东渐。民国八年（1919年），带着新潮西式立面的善馀（余）堂在莞城正式落成，由于风格新潮罕见，善馀堂很快便成为东莞赫赫有名的大宅子。

2012年，正在攻读岭南建筑研究生的袁艺峰回莞考察家乡的建筑遗产，被善馀堂的建筑特色深深震撼。而两年后，袁艺峰已是东莞理工学院建筑系的老师，在一次带队做莞城建筑遗产项目调研时，善馀堂屋内房梁坍塌、屋脊断裂等败象让他心生怜惜，看着"奄奄一息"的善馀堂，他决心要修葺这座老宅。

与此同时，致力于研究文化保育活动的张颖君师对此项目十分感兴趣，交流后两人一拍即合。2016年两人自发成立"善馀营造"团队，随后便全力投入到整理善馀堂的历史资料、筹备集资修缮以及活化空间的事宜当中。就这样，百年老宅善馀堂注入了一股年轻的血液。

从起心动念到竣工，袁老师和其团队足足花了三年之久。本着"修旧如旧"的原则，修缮团队只是对善馀堂进行了细微的修缮和清理，其外观和架构基本都被保留下来。据袁老师介绍，整个修缮项目中最值得讨论的便是复建的问题。进门的头顶上方是他们复建的平屋顶无底楼。为了不与历史信息混淆，建造时特意在楼底花纹的前后以及中间处标明了"2017"和"善馀营造"的字眼。袁老师说："我们除了复原原貌之外，也必须清晰、诚实地告诉后人这是后来复原的，

而并非原物。"

　　无底楼在复建前是双坡瓦顶，出于对日后使用的考虑，他认为建为平屋顶更合适。但建筑的原貌和日后需求二者孰重孰轻，实在让他难以抉择。后来他与其团队由直撞山花的坡屋顶考察出始建之时的无底楼实则为平屋顶的形式。这一番细致的考古发现，不但验证了复原平屋顶方案的正当性，更是揭开了被掩盖了六七十年的历史痕迹。于是他决定要刻意露出原有痕迹，以保留平屋顶的叙事价值，将善馀堂这段历史通过这样的形式传达给后人。

建筑美学下的"善馀堂"

　　建筑学家梁思成说："建筑是一个民族文化的重要证据。"一座城市的历史、一座城市的故事，都离不开一座城市的老建筑。旧建筑中特有的历史信息，往往会通过遗留的历史痕迹传递给后人，是其建筑美学的价值体现之一。善馀堂的建筑风格和构成要素所呈现出的多元包容、高雅清淡的特色，是特定时期中外建筑艺术的缩影，也是文化原型的外在表征。

　　善馀堂具有中西结合偏中式的建筑特色，是众多偏西式民宅中少有的建筑。其通体采用了中式古建筑惯用的传统清水青砖墙和富有岭南传统建筑特色的琉璃花格窗，横眉灰塑的"善馀堂"堂号与落款时间在修缮时被重新描绘，以显示老宅子的精神气貌。旧时的立面两旁是哥特式的尖拱漏窗，二层有希腊山花式的三角窗楣，下开彩色玻璃窗扇，顶层的巴洛克式山花相辅相成。前后共两层，外层依稀可见一个圆形灰塑罗马数字钟，极具形式美，整体呈现出一面比例均衡的西式折中主义风格立面。

　　从西式立面的罗马券柱式拱门进入院内，迎面看到的二进外立面也很有特色。一楼为罗马式连续拱券门廊，且带有装饰性券心石，二楼连开式窗户，以壁柱连接。整间老宅四面围合而成四合院，天井将大宅分成五个部分，除了正中部分，其余四部分各有独立的天井。据袁老师介绍，天井有利于通风、采光，可收集雨水，仰望可与天交流，俯首能接地气，是民宅中公共与私密的灰色过渡，在中国传统建筑中是必不可少的存在，保证了中式建筑的空间内涵，可谓中国建筑的精髓

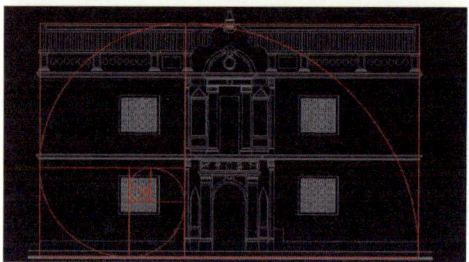

（图源：善馀营造）

之一。

　　除了欣赏善馀堂表面的装饰风格艺术，身临其境地感受其中式空间内涵，从建筑学的角度来看，善馀堂的内在有着更为隐性的美学内涵。袁老师根据善馀堂原有结构还原设计图纸，在对其正立面和平面进行建筑学图解以及比例分析后，他惊喜地发现这所老宅在设计中处处体现着黄金分割之和谐美。

　　善馀堂的正立面外轮廓的长宽比也是标准的黄金比例0.618：1，进而左开间与总面阔之比也是黄金比例，两者正好形成一个标准的黄金螺旋构图，且螺旋的中心正好是外立面琉璃花格窗的中心。而平面图中则蕴含着更多黄金比例，整体平面以中间楼梯的中线为分界，前后各呈现一个黄金矩形，在此矩形中用另一个黄金矩形作为一个居住单元，居住单元的黄金矩形中的前天井与正厅的比例恰好又是一个黄金分割，天井与其旁边的房间再是一个黄金比例，由此形成一个完整的黄金螺旋构图。

　　善馀堂的立面中黄金比例的和谐之美是我们能看到的，但平面视角中的黄金比例则是一种置身其中却无法感知的美学气质。若在善馀堂内的不同空间中穿行，这种比例的美会在无形之中渗入观者的观感体验，这种润物无声的传达，总是能让观者感受到一种恰到好处的美。

在老宅中续写新故事

　　再次站到善馀堂的门外，老宅的典雅与韵味仍能从许多细节中窥见。门前稍乱的草丛，新构建的木门窗和斑驳的老墙和谐共生，老墙上泛黄发黑的斑迹既是被保留下来的岁月痕迹，也是旧建筑中不可复制的特征，袁老师说道："修旧如旧就是要在老建筑的有机更新中保留过去的生活记忆，并赋予其当下时代的功能，让现代人继续在这一空间中演绎现代的故事，创造并延续它的历史。"可见当时修缮时团队的良苦用心。

　　面对老建筑的存留，我们习惯用到"文物保护"这个词语，但在张颖君老师的口中，我们常常听到的却是"文化保育"。"'文物保护'是要我们去保护一些被留下来的很珍贵的物理性的

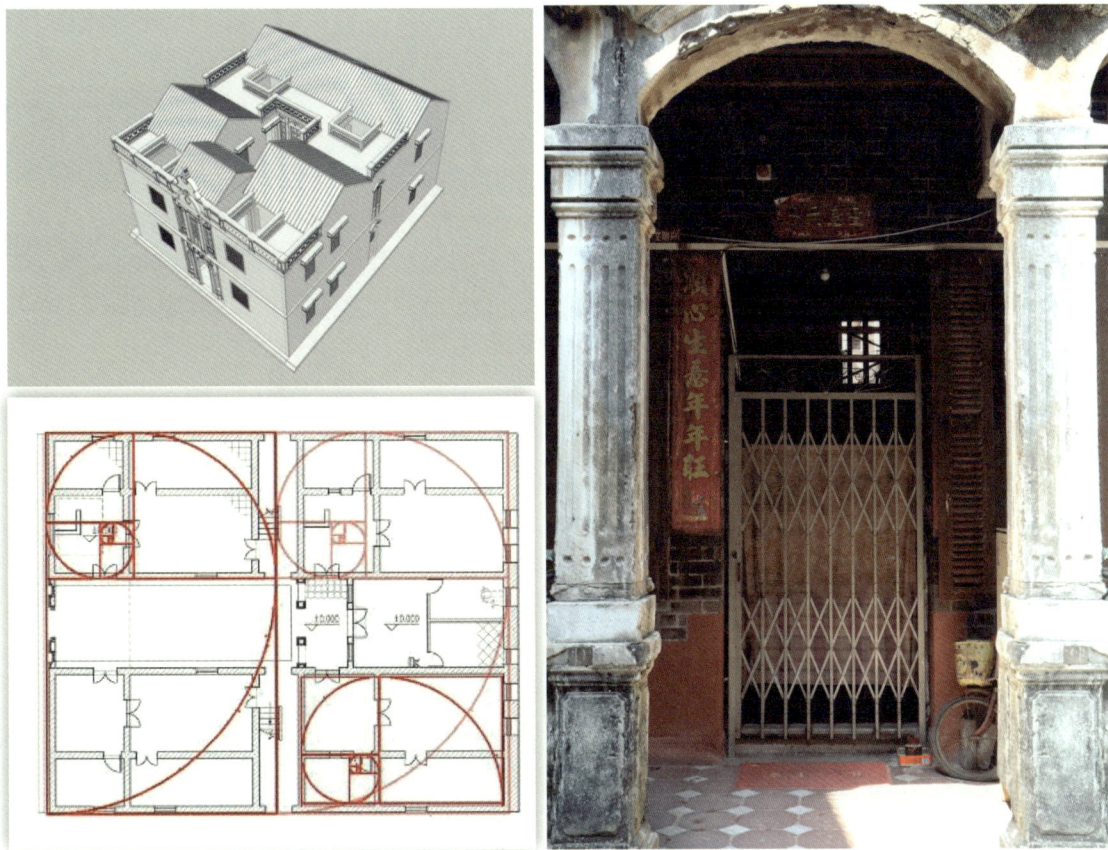

（图源：善馀（余）营造）

东西，而'文化保育'则是一种对文化的培育和养育，"张老师说到，"通过修缮，我们希望不只是文物被保留下来了，更重要的是文化的保留。我们要培养当地的居民去参与他们自己的公共生活，希望能够培养他们的参与意识。这是我们一直在耕耘的，也是我们在强调文物保护或者文化保育当中一些关于我们本土身份的思考"。

居民活动由居民共建。2016年至今，张老师与"善馀营造"团队以善馀堂为媒介构筑的青年开放空间，为不少年轻人提供了一个了解自己城市历史的途径，数年来他们共同开展的导赏活动、文化保育探索与实践讲座、遗产教育课程以及社区营造等系列活动，不但将历史建筑与青年空间有机衔接，更是保护并传承了当地的地域文化，为城市的建造提供了一个良好的范本。

我们谈论的建筑美学不仅要关注建筑的外观风格或装饰表征，更应深入到建筑和城市的历史肌理以及文化延续中去。善馀堂作为一个力求还原建筑原真性，避免城市建设对老建筑肌理的侵袭实践项目，具有重要的建筑学研究价值和丰富的建筑意义。正如张老师所说："希望借着运营的善馀堂积累的经验形成模式，以点带面，继而推广到东莞的各个区、镇，让更多的历史建筑能得到关注与保护。"

觉醒美学的力量
——老街美学启示录

香晓颖

作为东莞的历史城区、东莞城市建设的溯源地，莞城老街的历史文化价值毋庸置疑。"文化周末"一直以记录者的视角谈历史、谈建筑、谈贤士、谈情怀，如今试着转变视角，从美学层面，重新发现老街的一景一物，从街市到巷陌的纵横肌理，从建筑到门窗的风格样式，从色彩到纹理的视觉效果，从招牌到物件的工匠手艺，希望通过我们的行走探索，挖掘老街的美学价值，获得审美经验，以此为当代审美，为城市的更新和保护提供参考，让凝结时光的美，在新的时代下重新焕发活力。

历经岁月沧桑如美人迟暮般的老街，曾经亮丽的色彩日渐暗淡，但昔日光彩依稀可见。处处可见充满年代感的商铺招牌、老旧物件、瓷砖纹饰、标语涂鸦等等，它们承载了莞城千余年的文化记忆和审美意趣，从中可以看到东莞这座城市的身份印记以及生活美感。虽然已经过时，但经典的元素和审美永远具有感召力，有些设计和工艺在今天依然有其审美价值。在怀旧复古风潮愈加风靡的今天，我们也欣喜地看到以老街为题材的文创产品涌现，设计师们将振华路骑楼的经典设计元素应用到创作中，骑楼老街独特的南洋风情激发出无限设计创意。

老街里菜场街市的商贩不懂美学，依然可以把货品摆得很好看，规整的陈列、斑斓的色彩都是他们的手笔。当然他们更多遵循着实用主义的经验，每一个摊贩都有他自己的审美趣味，每一个街市菜场都是流动的生活美学，流传于繁华市井，见证着老街的兴衰浮沉。去菜市场走一趟吧，将这个城市的日常生活了解得清清楚楚，你就知道东莞人为什么偏爱细村市场和千祥街这两个街市菜场。

莞城区作为东莞的千年文脉所在，街区历史建筑遗存丰富，保存了大片完好的骑楼式商业建筑，与周边的文物古迹、传统民居共同构成极具地域特色的老城风貌，其独特的建筑风格与审美价值弥足珍贵，因此成为莞城的文化符号之一。这些历史建筑是东莞历史文化的重要载体，也是研究建筑历史的实物例证，不仅为旅游业发展提供了物质基础，也是现代建筑设计和艺术创作的重要借鉴。随着时间的流逝，老街里越来越多的骑楼建筑亟待修复，本土传统民居面临坍塌消失，这些历史建筑的抢救和修缮迫在眉睫。保护建筑，也是保护城市的历史传统和建筑精华，还有里面的人和文化。

我国城市发展进入城市更新的重要时期，在城市更新行动中，如何保护和延续具有历史文化价值的建筑、如何解决城市开发与文物保育的矛盾等问题已经成为当今城市发展面临的重要课题。近日，住房和城乡建设部发布《关于在实施城市更新行动中防止大拆大建问题的通知（征求意见稿）》公开征求意见，其中提出鼓励采取有机更新和微改造的方式进行改造提升，保持老城格局肌理，延续城市特色风貌，防止城市更新变形走样。

或许东莞人的老街情怀，正源于对同一城市基因的归属与认同。莞城老街，是这座城市在近百年岁月里商贸繁华的见证，承载着东莞人的历史情感和集体记忆，同时藏着一座城市原始的基因密码，保存着地域环境、文化特色、建筑风格等大量的信息，是一座城市区别于其他城市的独特印记。延续老莞城的特色风貌，远不止发掘和展现街市巷陌、建筑门窗、色彩纹理、招牌物件这些美好的事物，还可以通过有机更新和微改造的方式，留住老街特有的"基因"样貌，留住街坊的故土记忆和精神家园。

陈旧并非意味着破败和无用，老街是衰败的，但可以通过保护、传承，活化、利用，赋予其新的价值，使其重焕生机。老街的更新，不能仅仅停留在保护陈旧的建筑的层面，而且要活化、传承这些建筑。重新修缮开放的百年老宅善馀堂、工业遗址上的鳒鱼洲文创园、街角老民房改造的续旧酒馆、骑楼下新开的细细间咖啡馆……一批老街区建筑活化利用的案例，让我们看到老街的新活力和新价值，这些经过翻新改造的旧建筑体，现已成为年轻人寻访莞城老街的新坐标。

这一次我们以新的视角观察老街，将目之所及的美好收集，觉醒美学的力量，这些美好应该被珍视，成为历史建筑保护和美学培育的根基。我们希望，对老街美学的认识绝不是流于表面的审美，同时亦希望，在国潮兴起的当下，复兴老街美学，通过重新设计和改造，嫁接上现代审美，让时代经典延续，实现街区活化，城市更新。

从容庚看东莞

郑友晴

　　一位文艺大家与故土城市的渊源何其深厚，我们都曾见过不少：鲁迅如何写绍兴，叶嘉莹如何寻北京，木心如何把乌镇栖满诗篇，贾樟柯如何以电影反哺平遥……那么东莞呢？

或许身在东莞的你耳闻过编辑《东莞县志》的陈伯陶，精篆善诗的邓尔雅，建造可园、喜研书画的张敬修，也知晓学术大家容庚在东莞的治学往事与故居旧址。他们都曾诞生或成长在这片莞邑大地，百十年后皆化作蕴蓄绵长的人文基脉，扎根哺养这座岭南古城。

而其中容庚先生之于古字学，犹如王肇民先生之于广东水彩。容庚毕生致力于学术，精研金石、考古，涉习书画、碑帖、文物鉴赏，著述颇丰，晚年将其书信手稿、文物藏品悉数赠予国家，后世可习遗风，世代未竟。

莞邑何以成就容庚

前些年东莞凭制造业闻名，而后向新兴产业转型，经济的高速发展似乎让文化事业成了理所当然的城市短板。去年与莞香文化学者刘建中教授对话时，他谈到实际上东莞的文化现象和资源是多元丰富的，只是很少有人去整理讲述，所以人们对它的认识长期来说都不够。伴随建设文化名城工作的展开，东莞历史上的许多文化名家、非遗项目、民俗文脉得以重现于公众视野，这时候东莞人的文化自信与精神归属才越发显赫起来。

去年在中国美术馆举办的"有容乃大——容庚捐赠展"，把容庚的学术造诣、丰富鉴藏、艺术成就放在了全国观众的赏学平台上。经此契机，今年东莞推出的"容庚与东莞"大型系列展览活动则是对前者内容的本土化"回归"和全面化"延展"。该活动参与方多，东莞展览馆、市博物馆、岭南美术馆、莞城文化服务中心等七方合作协办；历时长，自8月5日启幕后持续三个月；落地范畴广，共有6个主题展览、4场专题讲座，分别在4个不同的文化场馆分时推出。

其中作为开幕方的岭南美术馆，在其一楼展厅设有"容庚与东莞"和"方寸精镌鉴古今——《颂斋藏印》艺术展"两大展，得到广泛关注。"容庚与东莞"展厅陈设上整体为棕黄色调，内容上则从地缘（承乡风文脉）、亲缘（以家学为基）、业缘（借乡谊精进）三个方面分别说明东莞对容庚治学生涯的深远影响。现场图文并茂的史料展板，制作精致而简明，从入口的序言到场末的"容庚自传"，从亲友圈到师友圈，每位用心观看的人或许都能顺着策展思路，了解到容庚生平"由文字而及器物，由器物而及于史迹"的治学脉络。

实际上从地域来说，东莞只是容庚往后赴北京、广州前人生中的起步阶段，却也兼怀着他学术成就的关键成分。围绕容庚的成名作《金文编》初稿在东莞成稿的缘由，该展的策展团队提出"南粤小邑东莞为何能够孕育造就容庚？""年少容庚治学为何始于金石？"和"容庚何以从中学生成为学术大家？"三个核心问题，并经一年研究考证，用本展归纳的地缘、亲缘和业缘三大部分加以佐证说明。

那么东莞究竟如何成就容庚？乡风熏陶和家学浸染是前缘。宋元以来，莞邑崇文重教之风渐浓，至明清，先后建有各类传统学馆120余所。结凤台诗社，雅集唱和；博厦建可园，成岭南画派策源地。及近代，明伦堂大力资助教育，得此东莞学人辈出，是谓"粤中后起之秀，以东莞为盛"。容庚深受地缘文脉的影响。

此外，东莞容氏、邓氏两大世家的家学滋养亦是其学术根基的关键。容庚自幼随四舅邓尔雅习篆治印，由印而字，在研习《说文古籀补》和《缪篆分韵》时，深感内容驳杂，资料不全，遂有"补辑之志"，加之研究素材较易搜集，于是写就《金文编》初稿，亦成其得到良师罗振玉赏识、以中学学历破格入读北大的契机。

金石之外，在书画方面，容庚受教于从叔容祖椿；在鉴赏方面，容庚受影响于外祖邓蓉镜。从容庚常言的"没有四舅邓尔雅，便没有容庚"，以及他在《容庚北平日记》里记载的"寄《国学季刊》第四号与君栋外舅、尔雅舅、伯父及恭甫"这些向家人汇报求学情况的细节，可见优良家风和家人教诲对其治学为人之深远效用。

容庚何以滋馈东莞

"容庚与东莞"的第三部分"业缘"，实际上讲述的是乡友之谊如何助容庚精进学业以及容庚如何尽其所能振兴乡邦文化。1922年容庚从东莞赴北京求学时，乃因邓尔雅的推荐信和《金文编》稿本，才有机会结识著名金石学家罗振玉。罗振玉是容庚学术之路上的引路人，他不仅把容庚引荐给马衡、沈兼士教授，助其被录取为国学门的研究生，还为容庚提供所藏金石书籍、拓片，资助其印行《金文编》，并协同诸学者为该书校订作序，借此稳固了容庚在古文字学领域的地位与人脉。

容庚北上问学后，曾居住在上斜街的东莞会馆新馆，以乡谊为纽带，结交了王国维、梁启超、商承祚、伦明、张伯桢等良师益友，一方面相互切磋精进学术，一方面慰藉其思乡之苦。容庚曾在日记中多次提及住在新馆和老馆的乡贤学者伦明、张伯桢，说明莞籍学子在东莞会馆的交情之深。除了在京的会馆，容庚的乡邦情怀还离不开东莞明伦堂，他既每年接受着明伦堂的定额资助，也积极参与它的运行事宜。在1946年南归广州后，容庚正式担任东莞明伦堂教育委员会委员。

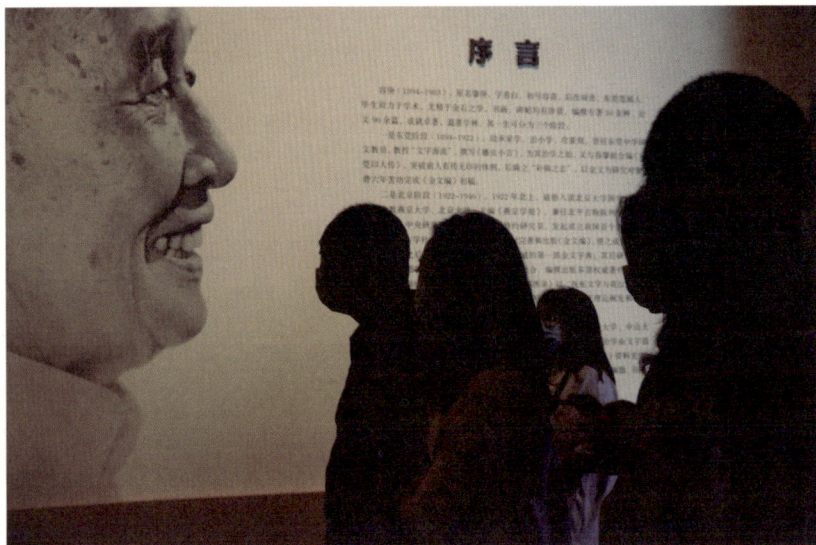

学人文献是地方文脉长存的文本基础，对乡邦文献的研究、收藏和传播是容庚身为莞籍学者毕生无偿献力的事业。在收藏方面，容庚曾在1932—1935年间多次代东莞博物图书馆向外募捐书册、拓片、资金等，以扩馆藏。从保存和研究来说，出于个人敬仰，容庚常年搜集东莞籍画家张穆的画作、校对张穆的诗文集，并在编成《铁桥集》后印行面世。而说到传播，容庚在得知《东莞袁崇焕督辽饯别图诗》（《肤公奏雅》图卷）于东莞史学之重要与少见流传后，便与伦明、张仲锐三人"鸠资影印50本，分送各大图书馆保存"。

　　以上而外，容庚长孙容国濂还在访谈中提及爷爷的一桩未竟之愿："他希望我能把他在1960年主持编印的舅太公邓尔雅先生的《绿绮园诗集》完整版付印。"由此可见，哪怕如容庚这般一生博学精深、嘉惠学林的鸿儒大家，在治学和回望时依然会有自感不足、时不我待的缺憾，尽管他的卓著学术成就、珍藏文物捐赠、治学品德风范已经足够丰厚惠国、泽被后世了。

　　而在古文字、考古、鉴藏和篆刻书画之中，晚年容庚将其毕生倾尽家财保存的大量国宝文献与国家的举动，颇为令人崇敬，这是他无私家风的承续，也是其家国情怀的表现。容庚认为"文物乃国家之公器"，收藏是为了保护和研究中国传统文化，非为一己私利，"聚实不易，散则何难？与其身后任其散失，不如现在就完整地献给国家，让更多的人在前人的基础上做出更好的成绩来"。

　　中国美术馆馆长吴为山表示，容庚先生收藏的不仅是物质，更是精神，这种精神存在于文化之中，存在于创造之中，存在于生生不息、世世代代的延传中。纵观容庚生平的每一步，皆是在向学术高峰孜孜攀登，而他的研学藏赠，又皆是"为生民立命，为往圣继绝学"。如今"容庚与东莞"大型系列展览活动，也为更多市民打开了了解先生的学者风骨和文人志趣的窗口，彰显出东莞深厚的文脉底蕴和文化品质。而莞城以此为契机，计划挖掘展示更多的名人名作名迹，这是擦亮东莞文化瑰宝、提升城市文化影响力的有力一笔。无数的东莞文化名人将会似"庚星"一般，在历史里长明，照亮时代文明前路。（本文图片由香晓颖提供）

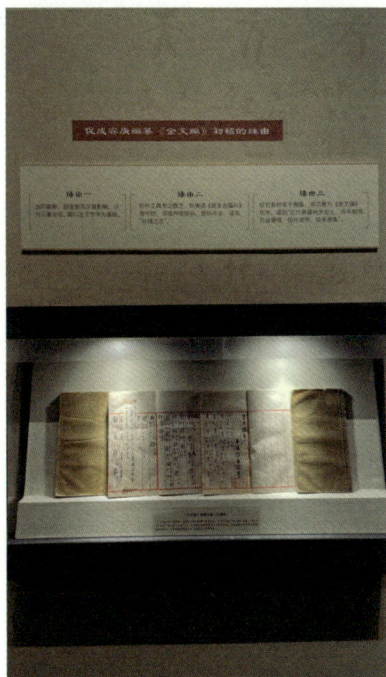

以"日常之力"展现艺术魅力

蔡妙苹

　　在电影或建筑艺术中，常常运用平行叙事的手法，将时间结构上同一时间不同的空间线或者同一空间不同的时间线同时推进，不同的线保持独立或联系，以此来推进故事情节发展。若将平行叙事的手法应用到艺术创作中，对艺术的丰富和发展定当有益。

　　8月6日，"平行叙事——社会体验与地域追踪"开幕式在华南美术馆顺利开展，此次展览集中呈现了南巢、蒋若禹和伍聪三位艺术家在东莞为期一个月的驻地创作成果。三位艺术家以三条不同的平行叙事线切入东莞日常琐碎生活，作品涵盖绘画、诗歌、多媒体和装置等形式，尝试从不同的立场诠释各自对东莞的追踪和感悟，共同探讨当代语境下，艺术如何融入区域文化、介入社会生活。

南巢：在荒寂中观察

"人们荒寂的朝圣，却被囚禁。烟味十足的角落，却被释放。我们游离于城市，环绕大海。将岛屿淬火，锤炼方舟。在某个白日，捕捉羽翼。一会朝东，一会朝南。"艺术家南巢在驻留期间创作的诗中这样写道。自小在山村长大，常与森林田野为伴，自然风光早已成为他艺术创作的底色。不论是绘画还是诗歌，无不体现了自然万物对他创作的影响。此次展出的作品延续了他对自然色彩的独特体认，并融入了他对东莞的理解。

南巢的绘画作品基于他对东莞的观察，融入其个人感受，以此塑造全新的抽象画作。他在作品中纯熟地运用油画棒的笔触和质感进行创作，细碎的线条被赋予了物件本体的色彩，结构与画面和谐丰富。近看，刻意的留白、有意为之的划痕、层次不同的触感以及丰富的色彩线条充盈于细节之中。远远看去，画作中寻不见任何具象的形体，各种色彩的交织看似凌乱，却始终保持画面整体的空间关系，观者的思绪也不自觉地被带入艺术家所描绘的空间中。

《午后的窗外》灵感来源于午后窗外的倾盆大雨，原本晴空万里，突然乌云密布，瞬间大雨滂沱，风雨过后向窗外望去，一个戏剧性的场景霎时间出现：远方的天色渐渐清晰，树叶翠绿，房顶橙红，鸟儿欢叫，暴风雨好似从未来过。窗外的风景总是莫名吸引着他，这也是他此次创作中的一个重要系列，"其实现实生活时常会给人很多希望的，通过窗口向外看，就会给人一种希望和憧憬"，南巢说。

同样是窗外，风景却截然不同。《森林与工厂》则以荒废的工厂为题，描绘了一座工业城市发展的缩影，揭露了工业发展带来的城市问题。工厂从热闹到荒芜，而今与自然融为一体却又格格不入，极具荒诞意味。南巢直言："东莞是一个工业城市，从20世纪到现在，许多工厂都在慢慢转型。其实这个工厂已经不存在了，但从某个角度讲它又是存在的，这个工厂代表了20世纪七八十年代的工业繁荣，而如今新世纪它却荒废在此，这是个工业发展遗留下来的问题，即便我们现在已经进入了小康社会，这个社会各种阶层的影子仍然浓缩在一起"。

谈及现阶段的创作情况，南巢表示："关于现阶段的创作，我比较关注自然与社会这部分，既受到童年生活的影响，又离不开社会工作的经历，这些都是我艺术创作的养分。"而经历了疾病的痛楚，加上驻留期间的疫情管控，他对疾病和死亡的理解更加深刻，作品中也多了一层对生命意义的思考。从抽象画到诗歌文字，再到媒介装置的表达形式，南巢的作品无不彰显着艺术的可能性和艺术的表达潜力。

在装置作品《盒子里的思绪》中，二十四个透明盒子表示一天中的二十四小时或者一年里的二十四节气。以永恒为意的蓝光营造出未来感和信念感，凌乱的灯条如思绪般穿梭于各个盒子之间，盒子里的废弃材料和作品寓指襁褓中的婴儿。南巢解释，人出生后在襁褓中，是一个萌芽的阶段，而留白的盒子代表着死亡，但死亡不是真的死亡，而是另一种重生。人在城市中行色匆匆，穿梭于茫茫人海和时空之中，日复一日，年复一年，从生到死，生命如这般轮回，思绪会一直存活于我们生活的这个盒子里。

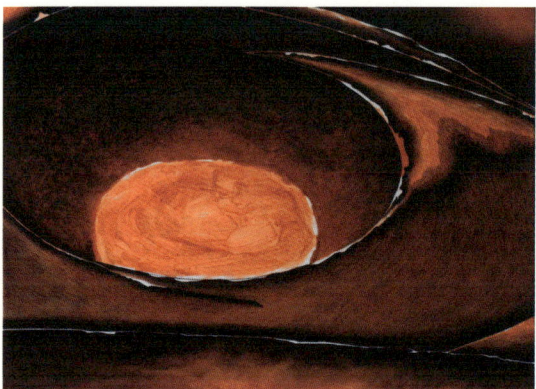

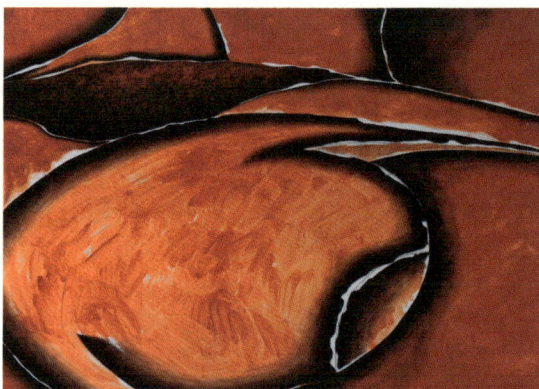

伍聪：记忆的重叠

展厅的右侧，灯光忽暗，六组照片通过光影投射散落在地，距离疏远。音乐缓缓，触发视觉和听觉的艺术享受。昏暗的光线下，一张张照片缓慢旋转着，宛若一座座独立而又美好的孤岛。照片随着角度的变换稍有扭曲，好似因时光流逝而模糊了的记忆。

伍聪是一名视觉艺术家，致力于探索日常生活背后无形又无处不在的神秘力量。驻地期间在虎英公园的一次实地考察中，他无意间看到一座极具20世纪风格的喷泉雕塑。和煦的微风，萦绕耳畔的"班得瑞"音乐旋律，一瞬间的舒坦与恍惚，让时光仿佛回到了记忆中某个美好又熟悉的时刻，眼前这个似曾相识的场景让他得到了这次驻地创作的灵感。

《世纪末的童话》这六组照片，名字取自20世纪梁凤仪的同名小说。艺术家伍聪把自己童年时的照片翻拍后剪下，再回到公园的喷泉旁，根据比例调整，创作了这组照片。他将过去剥离出来，通过照片拼贴的方式与现在的时空重新建立联系。作品打破了传统的线性结构，重塑了记忆的模糊性，巧妙地利用时间的重叠，让观者短暂地进入所想的时空。就像伍聪所说："我们或多或少都会想起过去，将以前的自己与现在的自己对比。这组作品就呈现了我对这种链接的思考与尝试，我企图用这样的方式来链接过去的自己、今天的自己和东莞这座城市。"

而另一组"班得瑞"系列作品的灵感则来源于20世纪90年代一个颇具未来感的雕塑，名字取材于"班得瑞"系列音乐名字。伍聪将雕塑进行解构，截取其局部元素。作品以红色和黑色作为主色调，象征着革命激情的红，在新世纪到来之际冲破曙光前的黑，理想与现实相互交织、碰撞，并用富有力量感的曲线线条，隐喻人们对世纪之交的憧憬和迈进新世纪的决心，表达了20世纪90年代欣欣向荣的社会思潮，艺术家以全新的角度让观者重新审视过去与未来的关系。

蒋若禹《一地鸡毛》

蒋若禹：华丽的废墟

专注于混合媒介装置作品创作的艺术家蒋若禹，从不受困于材料和工具的约束，风格新颖大胆，敢于尝试不同形式的创作。他善于运用语言和绘画以外的媒介来表达自己在生活中的发现与思考，用敏锐的观察力和超凡的想象力，探索社会现实与人的内在精神世界的关系。

蒋若禹的系列作品由废弃建材与泡面盒、饮料瓶和鞋子等元素的石膏翻模结合，涂抹上网红的马卡龙色彩，以此展现打工仔飞哥在东莞这座繁华都市里拮据的生活现状。飞哥从公司到门店再到成为日结工，尽管他每天只吃泡面，但还是花光了自己所有的积蓄，无奈之下进入一家制鞋厂，从事着"像机器人一样"的工作，做了两天却因为和同事发生争执被开除，没有拿到一分钱工资，还被刚认识的女生放了鸽子……飞哥在东莞的生活一地鸡毛。

蒋若禹的展览作品以叙事性为主，从19岁东莞打工仔飞哥的故事中得到灵感，以廉价的泡面盒、拾荒而得的建筑废材为材料来设计，同一天到达东莞的两个人，一个找工作，一个寻找创作的方向。作品意图展现出，这两个毫无交集的人在同一座城市中生活的割裂感。蒋若禹在作品介绍中讲道："我住在新建的文化小镇，到处是网红糖果色的装潢。飞哥和我住在两个不同的东莞，却都面临新的困境，尽管素未谋面，我在驻地期间的创作却很大程度上受到了飞哥的启发。"

蒋若禹《今天不准备去找工作了，找个地方放松一下》

"选择关注某个地方并将其作为一个案例，是以其为样本或是以自我为方法，把一个类型的空间与自己的经历联系起来进行阐述。"蒋若禹在一次采访中提及。正如策展人张秋怡所说："许多人觉得这个故事很正常，但蒋若禹有很敏感的一面，并且他很敢去尝试。他敢于把一个司空见惯的故事呈现出来，并且思考故事背后的意义，所以他的作品也具有很强的批判性。"

南巢将自己对自然与生命的独特体悟融入抽象的艺术语言，给观者带来哲学层面的体验与思考。考察中的偶遇让伍聪链接了自己的过去与现在，激发起他对于边界的思考。蒋若禹则是以社会底层为观察案例，利用艺术视角表达了现实生活的割裂与荒诞。三位艺术家以参与者的身份观察东莞，通过艺术的介入，呈现出区域文化和社会生活之间的对话与联系，让叙事性和社会性重新回到艺术创作当中，为城市带来新的活力，进而呈现出一种更为主动的艺术文化追求。（本文图片由华南美术馆提供）

蒋若禹《今天还是吃泡面》

67

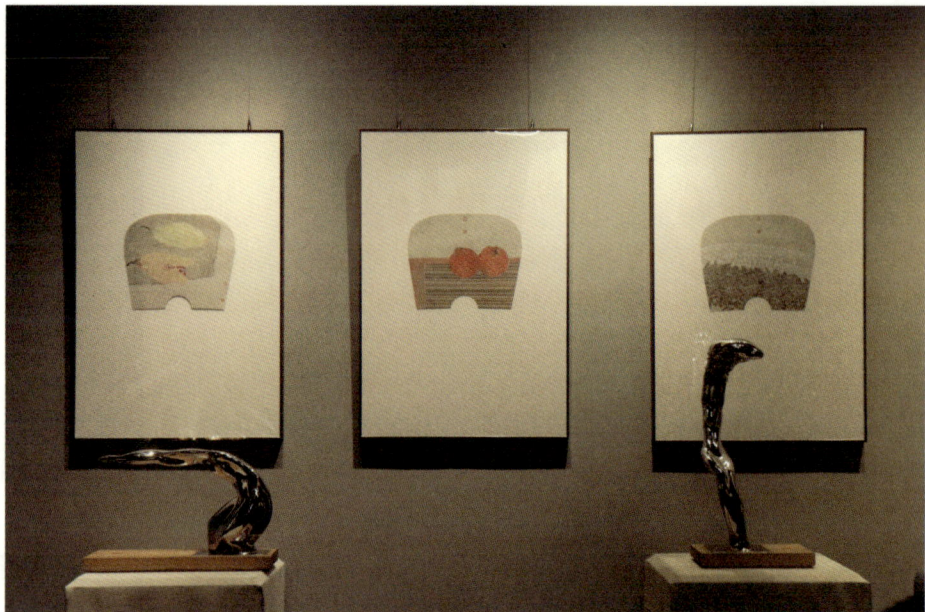

素心工绘事

香晓颖

　　7月17日，"素心绘事第二回——姜栋梁当代工笔画精品展"在惊石美学社开幕，本次展览共展出姜栋梁新近创作的22幅作品，既有花鸟、田园瓜果等"新工笔"作品，亦有兼工带写的山水、人物等创作，他以古之笔意绘写当代生活，其画作既有扎实的传统功力，又有新颖的现代意识。作品整体笔墨潇洒灵动，构图严整多变，用色高雅清新，展现出他在工笔画上不俗的创作力。

潜心不辍，工笔溢彩

　　工笔画是中国绘画体系中特有的一种绘画形式，传统工笔绘画历史悠久，宋元时期，工笔画发展至巅峰。清代画家石涛提出"笔墨当随时代"后，探索新时代下的工笔画创作成为许多画者思考的方向。近年来，"新工笔"从众多美术流派中脱颖而出，开始为大众所熟知。姜栋梁作为东莞当代"新工笔"领域的代表画家，凭借在2013年创作的一幅《蕉阴图》在画坛崭露头角，而后又因一幅《蕉阴听雨》下定决心研习工笔画。姜栋梁的工笔画作品向来以精到练达的笔墨、细腻婉约的工笔、含蓄雅致的色彩称著。他尤为擅长宋元工笔花鸟画，此前的"素心绘事——姜栋梁花鸟画展"就很好地展现了其画作特点。

　　而本次展出的作品不再以花鸟画为主，但同样能窥见姜栋梁一贯的创作风格。展览展出了12幅扇面作品，题材主要为南瓜、柿子、山竹、榴梿等田园瓜果，除了笔触细致、用色淡雅的工笔表现，画面中还隐约可见其所受中西方绘画的影响。当然他也带来了最为擅长的花鸟画，其笔下形象栩栩如生，绚丽多姿。

　　此外他还展出了新的笔墨尝试作品，诸如青绿山水画及人物，选用传统矿物颜料石绿绘制，画作更显古朴庄重；同时，兼工带写的技法运用，令画面中有工笔的细致，也有写意的率真。对于展出的新作品，姜栋梁介绍道："我这几年的画里面其实都有一些新的技法体现，这就是我这些年所学，这些作品是我的一种尝试。"

　　对于姜栋梁而言，绘画的道路是一条永无止境的修行之路，震撼于工笔的细致，他毅然调整绘画学习的方向，由写意转向工笔。自2012年研习工笔画至今，从写意、工笔到兼工带写，从淡彩到重彩，他对笔墨技法的求索从未止步，绘画题材也不断拓宽，他去游历四方，观山看海，通过写生作画体会自然，找寻创作的灵感。打开创作思路后，他的绘画题材开始宽泛起来，行旅中的山水、生活中的瓜果蔬菜，目之所及皆可入画。"我一直认为我是画花鸟，把自己给圈起来了。后来我发现画画不一定局限于画花鸟，山水、人物都可以去画，绘画都是相通的。这些山水画就是我的尝试。"

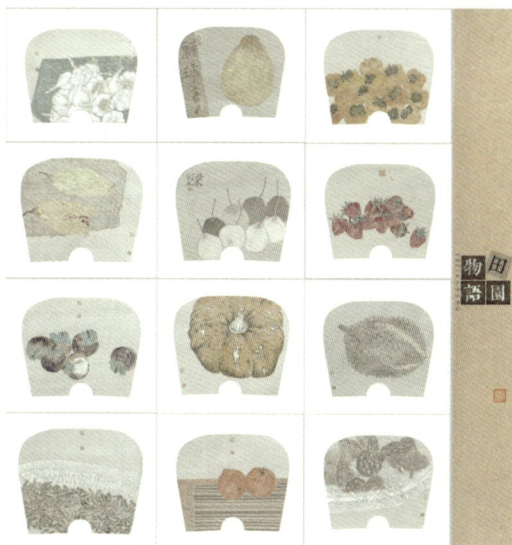

汲古融新，求索不懈

　　近年姜栋梁创作不断，始终力求突破传统笔墨技法和业已熟络的绘画题材，探求艺术新的境界，不断求新求变。这不仅给他带来创作上的进步，也让欣赏者耳目一新。"从描摹自然，我师造化，再到物我合一，我著万物，是优秀艺术家的必经之路。传统艺术，不变为苟活，变则通阔，变则生发更多创新的可能性，也才能从艺术之林中找到自己。"姜栋梁说道。

　　"素心绘事"无疑就是姜栋梁艺途的写照，素心作画，专注于此，别无杂念。在姜栋梁看来，绘事不过是件平常事，谈及日常创作的生活状态，他介绍道："我画画像上班一样。每天早上吃完早饭，送完小孩就到工作室作画，下班就回家。即便我不画画，哪怕只是坐在画室喝茶也都会去思考创作上的事情。"

　　姜栋梁在画家的身份之外，也从事绘画教学。关于学习中国画，他建议："学习中国画最重要的是从临摹入手，例如学工笔画就挑选经典的宋画作品作为蓝本，其用色、构图都非常成熟，可以在临摹的过程中掌握相应的技法。"他还提到，色彩还原是临摹的关键，但实际上现在的宣纸、颜料很难达到宋画的要求，因为宋人绘画用的是特殊矿物颜料，一般临摹者是难以模仿到位的，这也是学习国画色彩的难点。

　　纵观画史，画家立足的前提便是个人艺术语言和艺术风格的形成，形成独具一格的语言符号一直是姜栋梁矢志追求的目标。对此，姜栋梁表示："画风的形成，我觉得还是要积淀，积淀到一定程度自然而然地就会有。我不会太刻意去追求符号化的东西，但我在画面上笔墨构图还是有自己的坚持。"虽然他已是经过多年锤炼的画家，但他仍谦逊地表示自己还在打基础，在为自己的符号积累酝酿，而他也将上下求索，冀望未来能够创造自己的意识语言和风格，在"新工笔"领域继续开拓创新。

今天不谈美

郑友晴

　　若是与读书人谈美，不免会自问是否看过朱光潜的《谈美》与《西方美学史》，是否理解王国维在《红楼梦评论》里构建的中西方哲学美学思想理念，是否曾被宗白华的《美学散步》所打动。

　　过去人们不敢谈论美学，以为它是像哲学、伦理学一般晦涩难解的理论，只有美学大师的解读才有其价值，然后赋予"美"在诸如完美、美好、美术等此类词语里的高级寓意，把它放在"真善美"的人性理想品质之高位。

　　但同一件事物是美是丑、是善是恶，角度不同，并无定论。朱光潜说："极平常的知觉都带有几分创造性，极客观的东西之中都有几分主观的成分。美也是如此，有审美的眼睛才能见到美。"如果时刻用持有美感的态度去看，那么是否我们所见之物都各有其美呢？

　　如今生活在城市的年轻一代鲜有潜心观赏"自然美"的机会，彰显物质创造的"人工美"几乎占据了我们日常所见的基本审美。

　　我们为什么会关注美？人类美感经验的获得有什么用处？曾经有许多理论学者给出过相似的观点，他们认为对美的嗜好、对审美活动的追求，是人区别于其他动物的精神属性的心理欲求，美本身没有实用性，却又同时涵括着事物和人生价值的最高一面。

　　但是不要因为美的意义崇高而不去审美，不要因为思想的抽象而放弃形象的直觉，不要因为不知美之为何物而不去谈论美。因为美诞生于我们的情感、想象和环境的塑造之中，当我们坚持思想的自由和活动的无为时，那么所见即是美，人人都是"美学家"。

　　在写"老街美学"的专题时，编辑部在莞城晃了几天，不为美而寻美，发现了许多生活和人性本身的纹理，好像遗忘了"老街"和"美学"的意义。这让我想起杰夫·戴尔在讨论爵士乐之书《然而，很美》里写的："弹起钢琴，就像他以前从未见过钢琴。正如蒙克的音乐，听起来总像要自我迷失，一双手在乐曲上逛来逛去，耳朵错过的，眼睛能听见。"

　　我们谈论美，就像从来不知美。